本书得到2018年青岛市社科规划项目"乡村振兴战略□
市现代农业发展研究"（编号：QDSKL1801219）、
计划项目（人文社科类）一般项目A类立项项目"高职院
与机制研究"（编号：J18RA071）资助

经济管理学术文库·经济类

农户分类补贴及政策研究

Study on the Classification of Rural
Households Subsidies and Policy

董启锦／著

经济管理出版社
ECONOMY & MANAGEMENT PUBLISHING HOUSE

图书在版编目（CIP）数据

农户分类补贴及政策研究/董启锦著 . —北京：经济管理出版社，2019.8
ISBN 978 - 7 - 5096 - 6720 - 0

Ⅰ.①农… Ⅱ.①董 Ⅲ.①农业—政府补贴—财政政策—研究—中国 Ⅳ.①F812.0

中国版本图书馆 CIP 数据核字（2019）第 137177 号

组稿编辑：王 洋
责任编辑：曹 靖 王 洋
责任印制：黄章平
责任校对：王纪慧

出版发行：经济管理出版社
（北京市海淀区北蜂窝 8 号中雅大厦 A 座 11 层 100038）
网 址：www. E - mp. com. cn
电 话：(010) 51915602
印 刷：三河市延风印装有限公司
经 销：新华书店
开 本：720mm×1000mm/16
印 张：13.25
字 数：245 千字
版 次：2019 年 8 月第 1 版 2019 年 8 月第 1 次印刷
书 号：ISBN 978 - 7 - 5096 - 6720 - 0
定 价：68.00 元

前　言

党的十六大以来，以工业反哺农业和城乡一体化为内核的新的"三农"政策体系逐步确立。中央出台了取消农业税、农业特产税等支农惠农政策，实施了重点粮食品种最低收购价政策，制定了对粮食主产区和财政困难县实行奖励补助的激励政策，强化了对农业基础设施建设的支持政策，逐步形成了新时期保护和支持农业的政策体系框架。

作为农业补贴对象的农户家庭，是我国农村社会经济运行的微观主体，也是我国社会结构的重要组成部分。农户家庭生产经营行为既受政策调整的影响，又是相关政策动态调整的重要影响因素。建立适应农户生产行为特征、积极引导农户发展粮食生产的政策与机制是农业补贴政策改进的重要方向。基于此，本书从农户分类的视角就粮食补贴政策对农户生产行为和产出水平的影响进行了实证分析，深入探讨了补贴政策绩效。希望能对补贴政策的改进提供借鉴。

本书主要研究内容包括：

（1）梳理我国农业补贴政策演变发展历程，分析补贴政策的现状及存在的问题。着重就补贴政策在不同时期的补贴目的、补贴对象、补贴效果进行评价；从当前农业补贴的数量、种类、目标等方面进行深入分析，指出了农业补贴政策存在的问题。

（2）基于实地调查的 277 份问卷，借助多元回归分析方法，分别就补贴政策对纯农户、一兼农户、二兼农户、非农户农业生产行为和产出水平的影响进行分析，并进行横向比较，深入探究不同农户种粮行为与包括补贴政策在内的一系列影响因素的关联度。

（3）运用实证数学规划方法，模拟分析了不同政策环境下，不同农户生产行为以及产出水平的变动情况。这些政策环境包括粮食补贴政策调整、粮食价格上涨、生产资料价格与劳动力价格上涨、耕地规模变化等几个方面。重点比较分析不同政策组合对同一类型农户生产行为、产出水平的影响大小以及同一政策环境下不同农户之间的情况，为制定更加合理的补贴政策提供理论依据。

（4）从差异化补贴视角分析了国外农业补贴政策发展的背景、主要经验，提出对我国农业补贴政策改进的启示。

通过研究，本书得出以下结论：

（1）兼业程度差异对农户粮食种植面积与产量有影响。

从种植面积来看，兼业户以及非农户的粮食耕地面积占家庭总耕地面积的比例高于纯农户的粮食耕地面积占家庭总耕地面积的比例。粮食商品化程度也因农户兼业程度不同而存在差异。总体来说，兼业农户粮食商品化程度高于纯农户和非农户的粮食商品化程度。

（2）兼业农户是粮食生产的重要力量。

调查发现，当前粮食生产的主体是一兼农户和二兼农户。原因在于，纯农户的耕地规模和一兼农户、二兼农户的耕地面积差别不大，单纯依靠种植粮食作物难以满足纯农户家庭需要，因此纯农户中种植经济作物和养殖禽畜的农户比例较高，对粮食作物的种植面积较小。而一兼农户、二兼农户家庭收入中有一部分来自非农业领域，由于粮食作物管理方便，机械化程度高，劳动强度低，为了减少农业生产耗用大量时间，兼业农户普遍种植粮食作物。

（3）农业补贴政策对不同农户生产行为的影响不同。

补贴政策对各类农户的农业劳动时间影响均不显著，农户的农业劳动时间变动更多的是受到当地非农就业机会、农业机械化水平等外在因素以及农户户主健康状况、家庭劳动力数量等内在因素的影响。补贴政策对纯农户农业资金投入变动的影响在5%的水平上显著，对非农户农业资金投入变动在10%水平上显著，对一兼农户和二兼农户的农业资金投入影响不显著。补贴政策对一兼农户、二兼农户粮食种植面积变动的影响都通过了5%水平的显著性检验，但对纯农户和非农户的影响不显著。

（4）农业补贴政策对不同农户农业产出水平的影响存在差异。

补贴政策变动对二兼农户粮食产量的影响通过了5%的显著性水平检验，对非农户粮食产量的影响通过了10%的显著性水平检验，对纯农户和一兼农户的影响不显著。可能是因为二兼农户和非农户的耕地种植粮食作物的比例高，所以补贴额度的变动对粮食产量影响显著。但补贴政策变动对各类农户农业收入占家庭收入比例变动的影响均不显著。

（5）农业补贴与其他政策联合实行对农户农业生产及产出水平的影响更显著。

单纯的农业补贴政策对各类农户的影响程度小于农业补贴政策与其他政策联合对农户的影响。具体来看，农业补贴额度增加与粮食价格上涨对农户种植粮食行为影响显著，农业补贴增加与扩大土地面积两种政策同时实行对农户的影响也很显著，但是农业补贴政策与农业生产资料价格上涨、农业劳动力价格上涨同时出现时，农户会减少粮食耕种面积、农业劳动时间以及粮食种植的资本投入。

（6）粮食价格、当地非农就业机会是影响农户粮食产量的重要因素。

粮食价格提高，农户生产粮食的积极性提高。而当地非农就业机会增加，农户参加非农业劳动时间延长，出于缩短农业劳动时间的考虑，种植粮食作物的耕地面积有扩大的趋势。

目　录

1 绪论

1.1 研究背景与研究目的

1.1.1 研究背景

党的十六大以来，以工业反哺农业和城乡一体化为内核的新的"三农"政策体系逐步确立。中央出台了取消农业税、农业特产税等支农惠农政策，实施了重点粮食品种最低收购价政策，制定了对粮食主产区和财政困难县实行奖励补助的激励政策，强化了对农业基础设施建设的支持政策，逐步形成了新时期保护和支持农业的政策体系框架。尤其是近几年的中央一号文件（2007～2010、2012）① 多次提到，强农惠农政策要向重点产区倾斜，向提高生产能力倾斜，新增农业补贴政策下一步将适当向家庭农场、种粮大户、农民专业合作社倾斜。这与培养新型职业农民，扩大农业经营主体的思想一脉相承，前后呼应。

---

① 2007 年中央一号文件提出集中力量支持粮食主产区发展粮食产业，促进种粮农民增加收入，提高对粮食主产区的投资，支持其进行粮食生产、转化与加工；2008 年中央一号文件提出要巩固、完善、强化强农惠农政策，向重点产区倾斜，向提高生产能力倾斜；2009 年中央一号文件提出完善补贴动态调整机制，补贴额度根据农资价格的上涨幅度和粮食作物的实际播种面积调整，加大对家庭农场和种粮大户的补贴；2010 年中央一号文件提出坚持对种粮农民实行直接补贴，新增补贴适当向种粮大户、农民专业合作社倾斜；2012 年中央一号文件提出的补贴政策除了延续之前的向主产区、农业专业合作社倾斜之外，还包括种养大户，强调提高对种粮农民的直接补贴水平，落实农资综合补贴动态调整机制，适时增加补贴额度。

作为农业补贴对象的农户家庭，是我国农村社会经济运行的微观主体，也是我国社会结构的重要组成部分。农户家庭生产经营行为既受政策调整的影响，又是相关政策动态调整的重要影响因素。建立适应农户生产行为特征、积极引导农户发展粮食生产的政策与机制是农业补贴政策改进的重要方向。

基于此，本书从农户分类的视角就粮食补贴政策对农户生产行为和产出水平的影响进行了实证分析，深入探讨了补贴政策绩效。本书的国内、国际背景分析如下：

（1）国内背景：中央一号文件。

我国是一个农业大国，也是一个工业化快速推进的新型国家，近年来在统筹城乡协调发展方面取得了很大成就。但是长期工、农业发展失衡造成的各种农业问题依然很严重。

首先，我国农业生产主体结构固化。近年来逐渐加大的农业补贴力度强化了对农业的支持，提高了农民的收入，亿万农民欢欣鼓舞。但是，农业补贴政策有没有在宏观调控方面充分发挥引导农户改变生产经营行为的作用？是否促进各类农户粮食种植面积扩大，粮食产量提高？值得深入探索。尤其是，目前实施的农业补贴政策针对的是全体农户，是一种普惠式的补贴方式，"杨柳水大家洒"补贴在促进农业生产主体结构调整方面可能还没有发挥充分作用，研究农户的分类补贴及其政策的可行性，有利于加快我国政策预期的农业发展目标的实现。我们根据《山东统计年鉴》（2007~2010）相关数据对此期间内山东省不同类型农户变动情况分析发现，实行直接补贴之后农户兼业固化问题依然严重，农户类型中的纯农户、一兼农户、二兼农户、非农户的比例没有明显变化，农户家庭经营方式主导的农业生产投资条件改善不大，众多农户短期内没有朝着有利于农业良性发展、农民合理分工的方向分化，诸如土地流转等生产资料优化调整、农业生产技术推广机制进展缓慢，对下一步我们实施更有效率的农业适度规模经营、农业产业化、农业现代化、农业专业化经营依然是很大的阻碍，如何依靠有效的政策手段进行引导，使农业发展的方向更为合理，需要理论界运用现有的政策条件展开研究。

其次，国家粮食安全堪忧。2011年我国粮食连续八年获得丰收，外界媒体认为中国现在的粮食安全度已达到国际标准：粮食自给率达到95%，年人均粮食超过400千克，粮食储备也高于世界平均水平。不过，这并不意味着我国已彻底摆脱饥荒的阴影，毕竟我国人口众多，吃饭问题只能依靠自己解决。而粮食安全的含义，也随着时代的变化有所拓展。13 亿多人的吃饭问题，永远是我国最大的国情，危及国家整体物价的稳定，也注定了我国时刻都不能忽视粮食。不同年代我们提出的保障粮食生产的具体做法虽然取得了一些成效，但是随着市场经济体制进一步发育成熟，农户经营行为更趋理性，面对农业生产比较利益下降的刚性趋势，不同农户注重自身利益最大化可能导致我国粮食安全问题再次出现危机。一再重申的国家粮食安全战略并没有在农村社会引起足够重视，我国粮食的总产量虽然近年来略有盈余（2003 年 43069.53 万吨；2004 年 46946.95 万吨；2005 年 48402.19 万吨；2006 年 49747.89 万吨；2008 年 52870.9157 万吨；2009 年 53082.0776 万吨；2010 年 54641 万吨；2011 年 57121 万吨），但是应付突发事件的能力还是不强；针对不同地域的研究也可以证实粮食安全问题的隐患依然存在，单哲、李宪宝（2011）通过对山东省粮食安全评价分析认为，长期来看山东省的粮食产量持续增收是个未知数，在不利因素影响下，粮食安全问题面临严峻考验；另外，粮食的质量亦是人民群众关注的焦点，随着人们生活水平的提高，大家对粮食的质量提出了更高的要求，绿色无污染、原生态的种植过程及其产品受到人们的青睐。从农村居民家庭人均出售粮食年度统计数据来看，1994～2009 年呈连年增长态势，2009 年突破了 480 千克，然而如何引导农户生产出更多满足市场需求的有效农产品，仅仅依靠农户自身经营难以在短期内实现，因此借助农业补贴机制的改进会有助于问题的解决。

再次，农户家庭农业收入增长缓慢，农村相对贫困问题依然严重。我国已经进入中等收入国家行列，依据国际经验，这个阶段农业的主要问题集中在农村贫困问题上，这是逐步解决粮食问题（低收入国家面临的主要问题）之后转变到农业结构调整问题（高收入国家面临的主要问题）之前必须要解决的问题。虽然我国农业补贴的力度在不断加强，范围在逐步扩大，补贴方式日趋完善，但是，相较于我国为数众多的农户而言，补贴资金数量有限、补贴手段过于单一，从而补贴很难在短期之内达到令人满意的效果，所以，对补贴政策的使用还要发挥其杠杆作用，依靠补贴制度的改进充分调动和发挥不同农户的生产积极性，配合相关措施促进农户农业经营收入的增加。通过形成和建立良好的农业补贴政策，也有利于推进我国农业社会发展。然而一份来自湖北 5 县市的调查材料（万敏，2010）证实，2004～2014 年，沙洋县农民年人均增收仅有 128 元，目前补贴政策并没有就不同农户、不同经营特色展开有针对性的补贴，有限的直接补贴金额对种粮农户收入增加作用微小，对准备放弃农业生产的农户保障作用也不突出，因此补贴对于提高农民收入的实际效果不大，广大农户的相对贫困问题依然没有得到很好的解决。另据国家统计局 2002～2009 年连续对全国 68190 户农户的调查情况，在平均每户整半劳动力指标维持在 2.8 人（2009 年变动为 2.85 人，其余年份均相同）时，农村居民家庭人均经营纯收入由 2002 年的 1486.5 元增长到 2009 年的 2526.8 元，平均每年仅增长 130 元。基于此，本书试图通过分类补贴的视角研究补贴的具体做法，依托政策改进不断实现不同农户盼望增收的愿望，切实提高农业补贴的使用效率，着重发挥补贴对农户增收的放大效应。

最后，我国的农业补贴政策本身需要完善。我国实现对农业直接补贴只有 8 年的时间，各项政策处于探索、发展、完善时期，农业补贴政策的信号意义远大于对农民收入的实际支持效果。现阶段的农业补贴政策还存在很多需要改进的地方，无论是补贴的方式、范围、力度还是补贴的监管方面，亟须逐步完善。长期来看，补贴政策的优化本身是一个长期的、动态的调整过程。本书试图结合当前农业生产中存在的问题，从农户分类补贴的角度研究补贴政策的优化办法，探索补贴分配的新思路，为我国农业补贴政策的完善做出积极探索。

（2）国际背景。

实行农业补贴政策是国际惯例，发达国家通过对不同农户农业补贴政策的有效利用，发挥了农业补贴政策在调整农业产业结构、解决粮食问题与贫困问题、维护社会稳定等方面的作用，这是值得我们认真学习借鉴的，而其农业补贴政策失当所引起的负面效应同样值得我们深思。补贴政策的好坏在一定程度上影响着我国农产品的国际市场竞争力。从长期来看，农业生产的比较收益将会越来越低，对国家 GDP 总量的贡献在数值上将进一步缩小，但是农业发展对一个国家、社会发展所起的作用却逐步提高，农业产业不仅能提供农产品，还有吸纳就业、维护生态多样性的功能。尤其在我国步入中等收入国家行列，甚至在向发达国家转变的过程中，通过对不同农户补贴问题进行深入研究，进而探索分类管理的科学方法与现实依据成为当前需要解决的重大课题。实行农业补贴的国际背景简单陈述如下：

农业补贴与粮食产量。一方面，通过建立对不同类型农户的补贴制度，极大地提高了农户生产的积极性，粮食产量不断提高。发达国家近年来在保证粮食充分自给的前提下，不断扩大粮食出口创汇，在不同程度上增加了本国农产品在国际市场的竞争力。另一方面，发达国家的农业补贴政策也使得国家必须考虑将过多生产的粮食妥善处理掉，这样就增加了储存费用和管理成本，因此补贴也使得政府财政开支加大，这方面的教训值得吸取。

农业补贴与农民收入。国外健全的农业补贴制度使从事农业生产的群体收入维持在一个较为合理的水平上，甚至是高于其他产业从业人群的收入，对从事农业生产的农户有利，然而国外也出现了不同农户对农业补贴政策过度依赖的现象，过高的政府补贴支出影响到了国家整体的福利分配，甚至会成为某些严重社会问题发生的重要诱因，出现这样的现象值得深思。

农业补贴与社会稳定。国无农不稳，农业补贴由于在保障农产品有效供给与提高农民收入方面取得了实效，因此维护了社会稳定，但从另一个角度来看，目前发达国家政府部门只要一出台任何损害既得利益群体利益的政策，不管该政策可能对整个国家多么有利，都会在国内引起强烈的反应，抗议、示威等行为屡见不鲜，容易引发社会动荡，这些国际问题同样需要警惕。

农业补贴与环境保护，实现农业多功能性的经营特点。从国外农业发展的先进经验来看，农业生产不仅有效供给农产品，而且还具有生态环保等外部性功能，通过分类补贴，发达国家实现了农业生产的综合效益，但是补贴政策不当时，如采取价格支持政策，有可能造成农户为了获得更多的农业补贴资金，采用密集的耕种方式，通过增大化学药剂的使用量从而达到增加产量的目的，产量增加了，人居环境却也遭到了严重破坏。

由以上可以看出，分析并研究发达国家农业补贴及政策对于我国农业赶上世界主要发达国家的农业发展水平，避免发达国家出现的种种问题，具有重大的现实意义。

此外，WTO《农业协定》在多边贸易体制法律框架内首次为农业和农产品贸易制定了全面的多边规则。多哈回合农业谈判的进展情况，预示着农业贸易将走向更加自由化的趋势，这对我国农产品参与国际市场竞争是一个极大的考验。2001年12月11日，我国成为WTO成员后，全面履行加入WTO的承诺，农业贸易政策发生了显著的变化。这些变化主要体现在以下几个方面：根据承诺大幅度削减关税，减少非关税壁垒，农产品市场准入逐步扩大；改革农产品进出口贸易体制，对重要农产品继续实行关税配额管理和国有贸易体制，加强优势农产品的出口贸易促进等。

在此相关背景下，必须根据WTO规则并结合国内经济发展的需要，针对不同农户的发展要求，充分、合理地用好"蓝箱""黄箱""绿箱"政策，增加对农业生产的重视程度，促进我国农产品在国际市场的竞争力。从农业自由化的国际进程来看，成员国大幅度地减少了在"黄箱"政策上的投入，在"蓝箱"政策上，最早使用这一政策的美国已经不再使用传统的"蓝箱"，而更多地使用反周期支付，各成员国普遍加大了"绿箱"政策投入，将补贴资金用于农业的可持续发展方面。下一阶段，我国农业补贴政策也需要进一步研究和运用WTO规则，国内支持政策应将有限的投入更多地补贴到生产环节，尤其是加强对生产者的补贴，促进农业可持续发展，提高农民收入，把重点放在提高农业竞争力上。从这个角度出发，制定并实施不同农户的补贴政策，将有助于我们遴选农业生产的接班人，培养职业农民，走资本和技术集约式的发展道路。随着未来农业自由化进程的加快，我国农业发展的希望更多的是将技术与资本向愿意从事现代化农业经营的优秀人才倾斜，向适度规模经营的土地要素倾斜。

1.1.2 研究目的

在以上现实依据和背景下，本书选择农户分类补贴及政策作为研究对象，研究目的主要有四个：

（1）研究农业补贴政策对不同农户农业生产行为的影响。

不同类型农户的生产经营行为受到多种因素的影响，补贴在其中发挥的作用是否显著是本书研究的第一个目的。本书围绕补贴政策建立了多种影响因素与农户生产行为之间的联系，利用有效的手段，比较这些影响因素对不同类型农户的农业劳动时间配置、农业生产资料的投入以及粮食种植面积变化的影响，分析其可能的内在原因。

（2）研究农业补贴政策对不同农户产出水平的影响。

农户的产出水平包括粮食产量和家庭总收入。本书通过建立补贴政策变量与农户产出水平之间的函数关系，试图分析农业补贴政策对不同农户家庭的粮食产量和家庭总收入的影响，并且进一步分析出这些研究结果的原因。

（3）模拟不同的政策情景下农户生产行为及产出水平的优化。

通过调查分析典型农户家庭生产资料的配置情况，运用数学规划模型模拟不同的政策情景，分析补贴政策的变动以及补贴政策与其他影响因素一起变动时，农户家庭做出的理性选择，从而分析比较补贴对不同农户影响的具体程度。

（4）根据实证分析结果，提出不同农户分类补贴的政策建议。

1.2 国内外相关研究动态

1.2.1 国内研究动态

国内学者对农户的分类包括经营规模分类、地域分类、种植结构分类、经济收入水平分类以及文化程度方面的分类等。对农户补贴问题的研究注重对农户行为差异、补贴方式差异、补贴绩效差异及其影响因素的研究。

（1）农户行为研究。

近年来，有关农户行为的研究呈现逐步细化的趋势。较有代表性的是李录堂（1999）提出的农户分类管理持续激励机制研究，该研究认为改革开放以来，农户及其综合经济竞争实力已发生了明显分化，处于不同经济地位和利益特点的农户对原来重合的收入、地位、声望三个社会序列发生了分离，进而不同农户在管理激励方面产生了不同的需求，需要建立与这种分化相适应的分类管理激励机制。作者提出的农户分类管理持续激励机制创新思路包括：以不同农户参与市场竞争的程度和竞争力的大小为标志将农户分为完全市场化的竞争性农户、半自给半竞争性农户和非竞争性自给自足式农户三大类；在分类的基础上实行分级管理，作者认为分类管理的作用在于优化农用资源配置、加速农业现代化和企业化、提高农户组织化程度、有利于农村人才培养以及从根本上阻止农户资金非农化。这些观点即使在今天看来依然不失分析的有效性。

李延敏（2005）使用截面数据（1996～2000年）分析了17种类型的农户借贷行为特征。关于农户类型的划分包括农户兼业类型、农户的文化程度、家庭纯收入以及家庭经营特点等几个方面，而且对比分析了我国农户借贷行为的地区差异。为充分认识农户的经营行为提供了翔实资料。

谢蓉等（2009）基于上海市郊1000个农户的调查案例分析，对比研究了不同类型农户生产经营行为的差异，研究发现，由于本地农户和外地农户在年龄结构、生产目的以及经营专注度方面的差异，导致了两种类型的农户在经营规模、劳动力投入、作物选择、成本投入、品牌建设以及销售渠道等经营行为的差异，正确认识并合理利用不同农户的生产行为差异是解决上海郊区本地农户非农化，外地农户不断进入当地农业经营领域的有力措施。

李玉勤（2010）以山西省谷子种植农户为例，分析了杂粮种植户的生产行为，其认为，农户种植杂粮的目的在于满足家庭需要和实现销售利润最大化，但是由于各种外部条件（包括市场价格、地形地貌、销售环境、政府扶持力度等）的限制，农户的种植意愿不高，需要政府加强扶持力度。

（2）基于不同农户类型差异的补贴方式研究。

黎洁、李树苗（2010）从微观态度和认知的角度研究西部水源地农村居民的不同类型及其生态补偿的接受意愿，采用了基于主成分分析模型的因子分析，发现当地存在着对林业政策持有不同态度、退耕还林和建立保护区后家庭收入变化、非农收入比例、生态补偿的接受意愿等方面有着显著差异的五种类型农村居民，作者建议相关政府部门应关注不同类型农民的生态补偿接受意愿差异性。财政部财政科学研究所、山东省国税局课题组（2007）认为补贴的力度只能是有重点地逐步增加补贴，即对重点品种（小麦、玉米、稻谷、大豆）、重点地区（粮食主产区）和重点人群（种粮农民）进行补贴。林依标（2011）运用对福建省1436个失地农户受偿意愿的调查资料，首次比较系统地从差异化补偿的思路出发，研究了不同农户对于失地补偿的真实需求，研究结论显示非货币补偿比货币补偿方式更加适合某些地区、某些群体。肖琴（2011）通过对农业政策的有效性及其政策改革分析认为，应对粮食连片生产的农户和专业合作社成员适当提高补贴标准，使种粮农民多受益。郑风田（2011）表示，当前农业补贴什么都补，过于分散，很混乱，最终分摊到粮食种植上的补贴，力度是不够的，国家应该加大对稻谷、小麦这些基本口粮品种的种植补贴，重点保护口粮供给。近年来随着农村工作形势出现的新变化，各地政府部门也在积极探索实践采用分类管理的思路对农户进行管理，2011年，广州市率先提出对176.9434万亩基本农田年内实现差异化补贴，由统一标准200元/亩/年修改为差别化分类补贴标准，老六区500元/亩/年、新四区350元/亩/年、2个县级市200元/亩/年；山西榆次怀仁对154户酿醋企业（作坊式的生产农户）实行分类管理（2010年）；河南省新安县城关镇在土地有偿流转过程中对农户的分类指导（2009年）；山东省冠县店子乡将农民分为"长期在外型""本乡创业型"等五种类型，制定了《农民分类管理实施方案》，对不同类型的农民实施"分类管理"（2009年）；衢州市对农户分类指导帮扶实施的"低收入农户奔小康工程"（2008年）；山东胶州三里河街道办事处分类推进新农村建设（2005 年）；江苏无锡对征地农民实施分类保障（2004 年）。宋霖（2007 年）提出的对烟农的分类管理；赵良英（2007 年）通过调查采访，提出农业补贴不能"撒胡椒面"，要体现出补贴政策和手段的差异化，对种粮面积较大的农户要提供资金支持和贷款支持，鼓励他们使用先进的粮食品种、采用更有效率的生产技术，并为种粮大户提供必要的政策支持，鼓励他们扩大经营规模；农业补贴政策要结合当地生产的实际情况，因地制宜，在确实不适合种植粮食的地区引导农户进行其他农副产品的生产，帮助农民改善生产条件，提高家庭收入。杨敏（2010）也认为农业补贴不能"撒胡椒面"，但作者主张要将补贴集中起来，为农村建设好水利、道路等基础设施，为农村办许多大事实事，这样可以解决涉农资金项目繁多，但是分到一家一户难以发挥资金使用效益的矛盾。上述地方政府部门或者企业组织的分类管理实践取得了良好的效果。

（3）补贴政策对不同农户激励效果的研究。

补贴政策实施以来，到底在多大程度上发挥了激励农户生产积极性的作用是学界一直关注的问题。部分学者采用定量与定性、理论与实证相结合的分析方法研究了农业补贴政策的绩效和影响绩效发挥的各种因素。

张建杰（2007）分析了河南省较小规模农户缩减粮食种植面积的行为，认为现行政策对激励农户持续经营农业的作用有限。

李晓明、尹梦丽（2008）在调查安徽省种粮大户经营行为时发现，种粮大户产量较小规模农户而言，粮食亩均产量高、有着显著的经济效益，种粮大户希望扩大土地经营规模实现更大程度上的经济效益，但是受到土地流转不够规范、农业产前产中产后的相关配套服务缺失、化肥农药等生产资料价格不断上涨、贷款筹资渠道有限等诸多因素的限制，难以实现规模扩张。

翁贞林等（2008）通过对江西粮食主产县 429 户水稻种植大户进行调查研究认为，应当构建针对种粮大户的补贴机制；而对于中西部地区大量依靠农业收入的农户而言，作者认为补贴不宜采取欧美集中偏向大农场补贴的方式，要在普惠制补贴的基础上适当采用累进补贴方式。

顾和军（2008）实证研究了江苏省农业税减免、粮食直补收入分配效应，提出农民角色分化与农业补贴政策收入分配效应之间的关系，作者考察了农民角色出现分化的大背景下，无论是理论分析还是实证分析，我国现行的农业补贴政策对增加农民收入的作用不大，同时研究了补贴的收益对农村居民内部收入分配产生的新影响。至于如何改进补贴办法和测度补贴效果作者没有进一步说明。

郭云辉、王红蕾（2009）以安徽省粮食补贴的实地调查为例，从实证角度分析粮食直接补贴对象的选择取决于国家粮食直接补贴的主要目标。蔡培慧（2009）对台湾省农业结构转型下的农民分化问题进行了研究，研究围绕两个主题展开：第一个问题在于农业生产结构的形成因素，内因和外因有哪些以及国家在其间发挥了什么作用？第二个问题是农民生产的差异性意味着什么？研究在较深层次探讨了农业生产结构转型与农民类型分化的联系。

（4）差异化补贴政策激励效果及其影响因素研究。

杨小静等（2010）通过对河北省376个农户调查研究，分析了农业补贴政策实施效果的影响因素，这些因素包括农户所处的地理位置、农作物种植面积和农户收入水平，并提出应加强对种粮大户的支持、补贴方式应该体现区域化差别等政策建议。

杜辉、张美文等（2010）就农业补贴的对象、方式以及范围等问题进行过研究，认为粮食安全与农民增收这两个目标具有非兼容性，现阶段要注意补贴瞄准，满足个体农民多元化需求，农业补贴宜采取多种补贴方式，不应仅是资金的"大而全"，补贴目标应有主有辅，分阶段突出重点，同时也提到了关于农业补贴的监督体制构建思路。

在此基础上进行推进研究的是吴连翠（2011），作者以安徽省为例，基于农户生产行为视角的粮食补贴政策绩效研究初步回答了现行粮食补贴政策能在多大程度上影响农户的粮食生产经营行为，补贴政策变动会引起粮食产量变化多少，农户收入有何变动。作者通过建立模型分析认为实施差异化补贴政策，可以实现补贴政策的公平和效率兼顾，在研究过程中作者也考虑了不同农户的利益诉求，并从农户生产行为的角度对此进行了一定程度的研究，但关于分类补贴的研究还需不断加深。

黄少安、郭冬梅、吴江（2010）指出不宜对种粮大户进行粮食补贴，对农户的补贴不能再提高标准，增加额度，要实施多样化的补贴方式。

程娟（2011）研究认为农业补贴政策对农户耕地投入有促进作用，但是影响的地区和影响的农户类型都存在一定程度的差异性，对经济发达地区的农户和利润型农户影响较显著，而对经济不发达地区的农户和温饱型农户影响不显著，农业补贴政策要体现出差异化，重点补贴种粮大户，要按照不同地区的农产品特点给予不同的补贴。

张乐柱、喻贝凤（2011）探讨了我国农业保险分层补贴问题，针对我国农业保险补贴的现状，提出以保费分层、补贴分层实现中央财政补贴与地方财政补贴的差异化保障功能，有效发挥政府补贴的杠杆作用，针对劳动收入低于全国平均水平的贫困地区设计保费补贴方案，使农业保险更具有保障功能，减少收入差距。

王韧（2011）基于各省、直辖市、自治区的聚类分析也持相似观点，认为我国各省、直辖市、自治区的发展水平、气候条件、产业结构等存在着巨大的差别，作者根据研究结果主张在全国范围内划分四类地区，为中央政府采取差别补贴政策提供有力依据。

李明桥等（2012）研究了农业补贴政策对兼业农户家庭生产要素配置的影响，结果发现，由于兼业农户从事非农业生产的比较收益高于农业生产，倾向于将更多的家庭劳动力和农业补贴投入到非农领域，实现家庭收入的最大化。农业补贴政策对兼业农户发展农业生产的积极性影响较小，作者主张通过土地流转机制将兼业农户的家庭经营模式转变成公司制经营方式，从而实现土地利用的规模化和机械化。

国内对于分类补贴问题的认识也不全是一致的，与分类补贴思想相争的观点主要有：第一，统一补贴论。基于公平和便于社会监督，认为全国范围内要制定统一的补贴标准和发放办法，不宜在地区之间、农户之间存在差别，影响农户种粮的积极性（张照新、陈金强，2007），由此来看，持该观点的学者主要赞成普惠制补贴。第二，农业补贴取消论。李昌平（2011）认为，目前的粮食补贴政策不能有效提高粮食产量，要将农业补贴资金用于提高粮食价格，只有粮食价格上涨，才会激发粮食种植户的生产热情，从根本上解决粮食安全问题，李昌平还指出，提高粮食最低收购价要和劳动力收入上涨联系起来，根据劳动力收入上涨幅度调整粮食最低收购价，实现种粮收入与非农就业领域的工资收入同步上涨。

由此可见，国内对农户分类补贴问题的研究主要是就农户的生产经营规模、从业地域进行分类或者对补贴种类本身进行分类研究，使用的研究方法包括定量方法和定性方法，研究的焦点在于补贴绩效的大小、影响因素、补贴方式、补贴内容等，从农户兼业程度分类的视角系统研究农户补贴及其政策的相关成果仍然较少。

1.2.2 国外研究动态

国外早期对于农户分化以及补贴问题的研究散见于一些知名学者的著述中。A. 索科洛夫斯基（1885）曾经指出，土地规模不同的农民追求的目标是不一致的，可能完全不同，大土地所有者认为生产利润最重要，而在小农户这里可能从事生产的目的是建立在满足家庭和牲畜最低限度之需求。20 世纪 20 年代，A. 恰亚诺夫（1925）的表述更具有逻辑性，他认为形成农户间差别的主因是"人口分化"而非"经济分化"（"阶级分化"），"人口分化"是由于生物学规律，家庭规模与人口构成中的劳动/消费比率呈周期性变化，因此农场经济活动量也随之变化。西奥多·W. 舒尔茨（1964）在其著名的《改造传统农业》一书中指出，向农业投资主要取决于投资所采取的形式，用刺激的办法去指导和奖励农民则是一个关键部分，一旦有了投资机会和有效的刺激，农民将会点石成金。

近年来，欧盟、美国等西方发达经济体对农业支持政策进行了调整，由原来的价格支持转变为直接收入支持，相关研究者普遍关注政策调整给农业生产经营者带来的影响。这些影响通常是指农业生产者要素配置行为发生改变，具体包括农业劳动时间投入、农业生产资料投入以及农作物种植结构等方面的变化，这些变化最终体现在农户收入结构、粮食产量的变化上。

Hennessy（1998）、Koundouri 和 Laukkanen（2009）通过研究发现农户的生产要素投入行为受到直接收入支付政策的影响，虽然这些直接支付政策是脱钩补贴，但由于补贴改变了农户对风险的预期、能够获得贷款的条件以及家庭收入情况，因此农户在生产要素的投入行为上与补贴政策调整之前有了差异。Mullen、Chau 和 Gorter 等（2001）认为，直接补贴政策能够在一定程度上削弱农户经营风险，引导农户加大生产资料的投入。Hennessy（2008）与 Anton 和 Mouel（2004）通过研究发现，与生产脱钩的直接补贴，如欧盟的"单一农场支付"政策减少了农户的经营风险，提高了农户的收入水平，对农户尤其是规避风险型农户更加具有生产激励作用。OECD（2001）认为，直接补贴能够通过改变农户预期和放松信贷约束影响农户当期的投资水平和生产决策行为。Sckokai 和 Moro（2006）通过建立一个直接补贴与生产关系的模型，分析得出直接补贴对农户的投资行为有正向影响，这个模型本身是针对厌恶风险型农户获得的直接补贴而言的。而来自 Lee 和 Chambers（1986），Whittaker 和 Morehart（1991），Weersink、Clart 和 Turvey 等（1999）的研究表明，负债水平越高的农户越是倾向于在农业生产和投资中减少资金投入，反过来看，农业补贴会激励农户加大对农业生产的投资。Roche 和 Mcquinn（2004）基于投资理论的研究印证了这一点：直接补贴政策本身具有的削减风险功能确实可以引导农户把生产资金转向对高风险、高收益的农作物种植上。Douglas 和 Smith 等（1997，2002）研究发现农业补贴政策不仅可以直接影响种植户用于农业生产的各项资本投入水平，还能通过对农业生产资料价格和数量的影响进一步影响农业户生产行为。Vercammen（2003，2007）使用随机动态规划模型分析直接补贴政策与农户投资行为之间在风险条件下的关系，得出的结论是直接补贴政策对农户具有的投资激励效应与农户规避风险的意识程度大小无关，即不论农户是否做出规避风险的行为，直接补贴都对农户具有不同程度的投资激励效应。当然，也有很多学者不同意农业补贴政策可以有效激励农户农业生产投资行为的观点。Serra 和 Zilberman 等（2006）认为，农业补贴政策对农户的投资行为激励没有什么显著影响。Sckokai 和 Moro（2009）也持有大致相同的观点，农业补贴能够增加农户家庭收入，但很难判断农业补贴政策对农户的农业生产投资行为产生实质影响，更多的农户在获得补贴前后其生产经营投资行为没有变化。

农户种植行为是否受到农业补贴政策的影响也是国外学者关注的热点问题。Young 和 Westcott（2000）估算得出美国实施的生产灵活性合同对农作物种植面积的增加有显著激励效果，大约每年的增长量为 18 万～57 万英亩。Adams 和 Westhoff 等（2001）整理了 1997～2000 年美国 11 个州的农业生产数据，并运用实证研究模型进行分析，研究结论是生产灵活性合同以及市场损失援助政策对增加主要农作物的面积有促进作用。Goodwin 和 Mishra（2002，2003）的研究也得出类似结论，生产灵活性合同对小麦、大麦以及大豆等主要农作物的种植面积有正向影响。Mcintosh 和 Shogren 等（2007）分析了反周期支付政策对农户种植行为的影响，运用情景模拟研究发现农户在补贴政策的支持下倾向于扩种风险较小的农作物品种。此外，也有分析表明农户对未来补贴政策的预期也对农户的种植行为产生显著影响（Bhaskar 和 Beghin，2008），由于补贴政策提高了农户信贷水平，等同于降低农户生产成本，农户农作物生产规模得到扩大（Kropp & Whitaker，2009）。在认为补贴政策对农户种植行为影响的同时，也存在与之相争的观点，如 Burfisher 和 Hopkins（2003），Sckokai 和 Anton（2005）等认为，直接补贴政策对农户种植结构的改变影响不大。

国外相关学者同样对农业补贴水平与农户劳动时间配置之间的关系进行了研究。补贴政策对农户参与非农业生产具有较为显著的负向影响，即补贴额度越高，农户农外就业的时间越趋于缩短（El - Osta 和 Ahearn et al.，2003）。也有学者认为政府补贴对农户劳动时间分配行为的影响是通过增加家庭财富、增加农业劳动边际值以及削弱农户收入波动几个方面来影响的（Burfisher & Hopkins，

2003）。Goodwin 和 Mishra（1997）对堪萨斯地区（Kansas）的农户进行研究，发现获得农业补贴的家庭倾向于减少农外就业，但是当补贴额度下降时，农户农外就业的参与度就会提高。

Gladwin（1992）从性别的角度，通过对非洲地区的马拉维和喀麦隆两地的研究发现，该地区妇女作为从事农业生产的主要劳动力来源，生产的农产品主要是家庭消费使用，农业结构调整的效应对女性和她们喂养的孩子而言，与当地男性劳动力从事农业生产主要为粮食商品化（增加收入）和出口的目的有很大的不同，她对马拉维地区的独特假设是认为肥料补贴的变动（减少）对女性农业劳动力的影响要大于同期对男性农业劳动力的影响，因为这种补贴的减少会影响到劳动者在当地玉米地里施用化肥的数量，在这里我们把马拉维地区的女性农业劳动力和男性农业劳动力作为不同生产目的和生产规模的农业生产者，分析借鉴这种肥料补贴机制发生变化时，对农业生产的影响。

Melinda Smale 和 Paul W. Heisey（1994）沿着 Gladwin（1992）的研究思路进行了进一步的研究，作为农业结构调整计划的一部分，马拉维地区男性农民种植杂交玉米和烟叶是为了出口，而女性农民主要是出于维持家庭口粮而生产食用粮和当地品种的玉米。这种假设本身存在不足，需要采用其他的分析方法进行研究，从而说明性别不同对肥料补贴变动的反应不同。

Konstantinos Galanopoulos 等（2011）采用数据包络分析法对希腊的一个游牧农场样本进行分析，着重评估了欧盟补贴游牧农场的技术效率，并对影响农场使用补贴的因素进行了研究，回答了欧盟补贴对小农场的补贴效果要大于大农场补贴效果的问题，整体来看游牧农场的技术效率很低，而且主要是受牛群规模大小的影响，目前，补贴对小型农场的影响更大。

Tove Christensen 等（2011）研究了丹麦农民对政府提供的农业环境补贴计划（AES）的兴趣比预期的小得多的问题，就如何改善这些计划的吸引力做了研究，具体选择了 444 位农民对无农药的缓冲区补贴计划的偏好行为进行研究，使用随机参数 Logit 回归模型分析农民之间的异质性，农民希望补贴附加的要求尽量减少，对补贴金额的需求上主要根据农业生产的具体方案来定，由此可见，农民对监管比较反感，更多的是希望有一个较大的应用平台。

Mary Keeney（2000）详细分析了直接补贴在爱尔兰农场收入分配中的影响，作者运用基尼系数法得出这样的结论：低收入农场得到了更多的直接补贴。而 Nigel Key 和 MacDonald（2007）等学者发现，美国的政府补贴在不同规模的农场间分配是有差异的，补贴更集中于大规模的农场。USDA（2007）研究认为，农场规模、农产品种类、农场所处方位以及经营者农户的素质等因素影响到了政府补贴分配。Schmid 和 Sinabell 等（2006）的研究结果也表明，直接支付政策不能保证所有的农户都可以获得相同的福利水平，研究者以澳大利亚的农民为例说明大农场主在直接支付政策中获利较多的事实。

从目前收集到的国外相关研究动态来看，国外学者对于农户分类补贴的认识较国内深刻，对政策的使用也相对灵活，有很多值得借鉴的地方。下一步的工作还需要就此进行深入研究，吸收对我国不同农户实施不同农业补贴政策的有用部分，实现各项预期的农业补贴目标，充分发展农业经济。

1.2.3　国内外研究评论

由于国外的农业补贴政策实行得比国内要早，尤其是对农户的直接补贴政策要比国内早很多年，所以国外学者关注的农户补贴问题更多地倾向于补贴效率的高低、补贴的影响因素研究等实证问题，借助于各种分析模型研究和处理了基于不同地区或者整个国家范围内补贴政策实施的效果评价，而且偏向于计量分析。国内在农户补贴问题的研究中开始倾向于数理化研究，越来越注重数据和方法的运用，研究不断取得好的成果。

但就农户分类补贴效果的研究无论是国外学者还是国内学者的研究都不是很深入，不同类型的农户接受补贴之后的农业经营行为有何变化，农业补贴政策对不同农户的激励和影响有哪些不同？农户的需求存在哪些具体差异？这些问题都还有待进一步的分析。

1.3　研究思路与研究方法

1.3.1　研究假设

（1）农户家庭资源的有限性假设。农户家庭资源包括耕地资源、流动资金和农户家庭成员的劳动时间。假设在一定时期内，这些资源的总量是不变的。耕

农户分类补贴及政策研究

地资源会在种植结构上有所调整，等于经济作物面积、粮食作物面积以及休耕面积的总和；农户可以使用的生产资金是固定的，等于不同生产经营项目的投资总额；家庭成员的总体劳动时间固定，等于农业劳动时间和非农业劳动时间的总和。

（2）农户行为理性假设。农户家庭的决策符合经济人假设，在不同的生产环境下会做出对家庭利益最大化的决策。

（3）农户与农户家庭本质相同。本书主要研究的农户家庭一般成员都在3～5人，属于典型结构，研究农户问题等同于研究整个农户家庭。

1.3.2 研究思路与研究方法

1.3.2.1 研究思路

本书研究思路如图 1 – 1 所示。

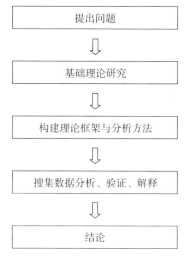

图 1 – 1 本书研究思路

本书按照提出问题、分析问题、解决问题的思路对分类补贴问题进行了研究。运用实地调查资料重点分析补贴政策对不同农户有何影响，影响程度有多大，如何结合农户意愿以及补贴绩效对农户进行分类补贴等问题。

1.3.2.2 研究方法

本研究采用理论研究与实证研究相结合的分析方法，定性与定量相结合的分析工具，动态模型与静态模型相结合的分析视角，具体研究不同农户农业补贴及政策。本书使用的主要研究方法有：

（1）文献分析法。

文献阅读解决了两个问题，一是梳理目前的研究成果、研究进展；二是明确本书的研究方向。仔细研读国内外农业补贴政策的相关研究成果，并结合我国农户的实际情况设计调查问卷，为获取数据资料做充分准备。文献阅读过程中尽量放宽阅读范围，同时提高阅读的精度，有针对性地借鉴其他行业或者产业补贴的方式方法，如交通补贴、渔业补贴、能源补贴、住房补贴等，从而为全面分析问题提供保证。

（2）问卷调查法。

由于研究的问题涉及微观数据，难以直接获取，必须开展专门的问卷调查。因此，笔者选择了山东省内有代表性的地区作为调研区域，对不同区域的农户进行入户调查，获得第一手的数据资料。同时积极寻求与政府相关部门的合作，获得了研究需要的各类补贴数据。实地调查采用问卷调查与访谈相结合的方式，注意了问卷设计的科学性、合理性，综合运用李克特量表技术测量农户的真实想法。访谈时尽量注意方式方法，达到了较好的效果。

（3）计量模型分析法。

本书通过构建模型，采用双对数多元回归方法：一是分析农业补贴政策对不同农户种植决策、农业生产物质资本投入决策以及劳动时间分配决策行为的影响；二是分析补贴政策对农户产出水平的影响。

（4）数学规划法。

使用该方法分析不同政策环境下不同农户的最优生产决策。首先通过调查获得不同类型农户的典型数据，其次通过构建农户家庭收入模型，将各种代表农户行为变化和产出水平变化的调查数据引入模型，得出农户的最优生产规模和产出水平。

（5）对比分析法。

由于是分析补贴政策对不同农户的影响，因此本书大量使用了对比分析，包括对调查到的各种类型农户基本情况对比、生产行为及产出水平对比、补贴需求对比等，从中观察不同农户之间存在的差异。

1.3.3　数据说明

本书使用的大部分数据来自问卷调查。调查时间是 2012 年的寒假。

问卷全部采用入户调查方式，由调查员现场填写、回收，因此问卷的整体回收率和有效率较高。共发放问卷 450 份，回收 371 份，有效问卷 277 份，总有效率为 75%。纯农户问卷 57 份，一兼农户问卷 54 份，二兼农户问卷 73 份，非农户问卷 93 份，其中非农户部分的问卷剔除了耕地面积小于 2 亩的农户样本。各类农户占比情况见图 1 - 2。

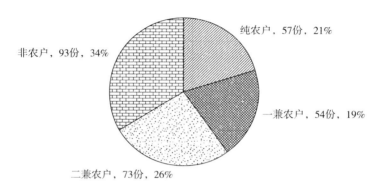

图 1 - 2　样本纯农户、一兼农户、二兼农户、非农户的数量比例

由于本书设计的问卷涉及的内容较多，无法通过统一的格式量表进行调查，因此问卷中的问题难以进行效度和信度检验。根据 Arrow 等提出的研究方法，在改进了杨开忠等的研究设计之后，我们对问卷的有效性进行了调查，请被调查者填写他们对本次问卷调查的理解程度，以此来评价问卷调查的有效性。最终统计结果见表 1 - 1。

表 1 - 1　不同农户对问卷调查的理解程度统计

理解程度	完全理解	基本理解	部分理解	不太理解	完全不理解	合计
纯农户	50 (0.88)	4 (0.07)	2 (0.04)	1 (0.02)	0	57
一兼农户	49 (0.91)	4 (0.07)	1 (0.02)	0	0	54
二兼农户	68 (0.93)	3 (0.04)	2 (0.03)	0	0	73
非农户	87 (0.94)	5 (0.05)	1 (0.01)	0	0	93
合计	254 (0.92)	16 (0.06)	6 (0.02)	1	0	277

注：括号内的数字表示选择该选项的农户占该类型农户的比例。

资料来源：根据调查资料整理。

通过整理分析发现，绝大多数的被调查者能够完全理解问卷调查的内容，并就问卷中的问题结合自己的情况进行了准确的填答。问卷有效性最高的是非农户，完全理解问卷的非农户占到所有被调查非农户数量的 94%，一兼农户、二兼农户完全理解问卷的户数比例也分别达到了91%和93%，比例最低的是纯农户，完全理解问卷的纯农户数量占纯农户总体的88%。仅有少量农户对问卷持基本理解或者部分理解态度，不太理解的只有1户，没有完全不理解的农户，因此，问卷的有效性较高。

1.4 研究内容与技术路线

1.4.1 研究内容

本书重点分析农业补贴政策对农户劳动时间、生产资本投入、粮食种植结构的影响，并对不同类型的农户进行横向比较分析；研究农业补贴政策对不同农户粮食产量变化、农户家庭收入变化的影响；利用实际调查的数据，模拟分析各种政策环境下农户家庭经营行为的变化情况，比较分析各种政策环境的激励效果，并结合调查得到的农户需求情况，提出分类补贴的具体措施。具体来看：

第1章，绪论。主要说明本书的写作背景、研究目的，在回顾相关文献的基础上阐明论文的结构、使用的研究方法、本书的创新之处与存在的不足。

第2章，农户分类补贴的基本概念与立论基础。基本概念包括农户、农户分类、补贴以及农业补贴等，重点是提出本书的理论基础，农户分类补贴研究的理论基础是不同类型农户经营决策行为的差异，包括投资行为差异、消费行为差异、借贷行为差异、风险认知差异等。

第3章，农业补贴政策的演变与存在问题分析——基于分类视角。本章基于分类补贴的视角从农业补贴政策补贴消费者、补贴流通环节到补贴生产者三个先后历史阶段回顾我国农业补贴发展的历程，分析目前农业补贴政策的现状及存在的问题。

第4章，补贴政策对不同农户经营行为影响的实证分析。本章分析的农户生产行为包括农业劳动时间安排、农业生产资料投入以及农地种植结构变化。首先通过构建不同生产行为的函数，寻找可能影响行为变化的因素，并对这些因素进行分析，构建成可以调查的指标，其次运用相关分析软件分析补贴政策对各种生产行为的影响是否显著。

第 5 章，补贴政策对不同农户产出水平影响的实证分析。首先建立研究模型，其次对比分析农业补贴政策对纯农户、一兼农户、二兼农户、非农户的粮食产量与家庭收入情况的影响。

第 6 章，农业补贴政策对不同农户生产决策影响的模拟研究。分别以调查到的纯农户、一兼农户、二兼农户、非农户为基础数据构建相应的四类典型农户，分析当补贴政策、粮食价格、劳动力价格、农资价格、土地规模等影响要素变化时对农户行为和产出影响程度有多大。在同一模拟条件下比较不同类型农户经营决策的差异，为下一步制定政策提供依据。

第 7 章，农户分类补贴的国际经验及启示。选择有代表性的国家和地区分析国外农业补贴政策实行过程中出现的问题、取得的成就，总结这些经验教训对我国的启示。

第 8 章，农户分类补贴政策建议。从分类补贴的原则、对不同农户的具体补贴措施以及分类补贴配套机制构建三个方面给出了相关政策建议。

第 9 章，主要结论与研究展望。

本书拟解决的主要问题包括：

（1）运用多元回归分析方法着重分析补贴政策对纯农户、一兼农户、二兼农户、非农户生产行为、产出水平的影响是否显著。并结合调查样本分析原因。

生产行为包括农户农业生产的时间投入、资本投入以及种植结构三个方面，产出水平包括粮食产量和家庭总收入两个方面。

（2）模拟补贴运行的政策环境，分析补贴变动对不同农户家庭生产行为、产出水平的影响有多大。

（3）针对实证研究结果，提出合理的政策建议。

1.4.2　技术路线

与一般的农业补贴政策绩效研究不同，首先，本书阐述提出农户分类补贴的立论基础——不同类型农户经营决策行为存在差异。这些差异致使不同类型农户使用农业补贴资金的效率存在差别。

其次，利用实地调查资料分析并比较补贴政策对不同农户生产行为和产出水平的影响，模拟分析不同政策情境下，不同类型农户生产决策的优化问题。

最后,针对实证分析结论,分别就纯农户、一兼农户、二兼农户、非农户给出相应的政策建议,并提出分类补贴政策运行的配套机制。

依据上述研究思路,本书的技术路线如图 1-3 所示。

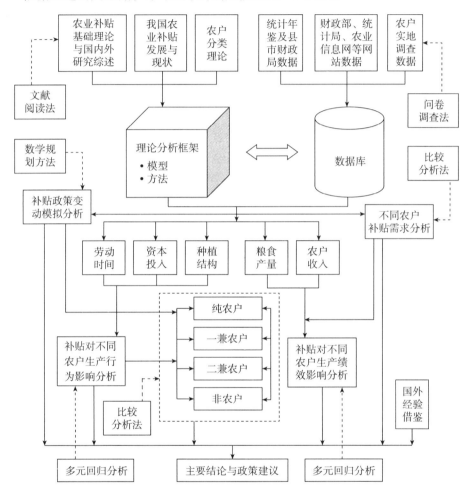

图 1-3 本书的研究路线与研究方法

1.5 创新点与不足

本书的创新在于:

（1）研究视角方面，按照纯农户、一兼农户、二兼农户、非农户的分类标准分别进行补贴政策的研究，并将不同类型的农户进行比较分析，视角新颖。

（2）研究方法方面，首先，充分利用比较分析法对同一补贴政策下的不同农户行为变化进行对比分析；其次，运用数学规划方法模拟分析情景变化时不同农户行为的变动，对农户行为进行了很好的预测；最后，将边际分析的方法运用到多元回归分析，通过分析自变量的变动对因变量变动的影响说明各种影响因素影响的显著性，为充分使用数据提供了一种较为可靠的方法。

（3）研究思路方面，提出了补贴作用路径分析。本书认为补贴政策首先将影响农户的经营行为，包括农业劳动时间的变化、农业资本投入的变化以及粮食种植面积的变化三个方面，然后经营行为会对农户的经营结果产生影响，经营结果包括粮食产量变化和农户家庭收入变化。通过路径分析可以更好地观察补贴政策对不同农户的影响。

研究不足体现在以下两点：

（1）调查数据不充分。

从纯农户、一兼农户、二兼农户、非农户的视角研究补贴问题属于研究中的空白，研究困难之一是收集资料困难，国内没有针对农户分类视角的补贴数据，与之相关的研究很少，需要在研究中对数据进行适当处理。国外资料针对农户分化的研究很多，但是围绕不同类型农户进行补贴的统计资料较少，因此可以借鉴的二手数据也比较少，而笔者做调查研究时由于资金和时间等因素的约束，只是收集了农户2011年、2012年的补贴数据，缺乏对农户多年的连续追踪调查，而且只是针对山东地区的农户做的调查，未能全面系统地了解各种情况，这样在数据分析上会有欠缺。

（2）研究方法有待改进。

由于受到数据的限制，一些更好的研究方法就难以被运用。目前只能是用回归分析、数学规划方法对研究目的进行分析。虽然对数据进行了必要的筛选，但在一定程度上会影响到最终的研究结论。

2 农户分类补贴的基本概念与立论基础

2.1 农户分类补贴概念

2.1.1 农户

农户是发展中国家最为主要的经济组织（张林秀，1996；陈和午，2004；陆文聪等，2005）。作为我国农村社会的基本细胞，是到目前为止人类最古老的、最基本的单位和组织，它集经济功能与社会功能于一体，是农民生产、生活、交往的基本组织单元。农民以户为单位同社会、国家、市场进行着广泛的联系。

农户的内涵十分丰富，从目前国内外关于农户的研究成果来看，对农户的理解有以下几种观点：①农户就是农民家庭（韩明谟，2001）。②农户就是家庭农场。俄国的 A. 恰亚诺夫（1926）在关于小农经济的论述中指出，小农家庭农场在两个方面区别于资本主义企业：它依靠自身劳动力而不是雇佣劳动力，它的产品主要满足自身消费而不是市场上追求最大利润。这里的小农家庭农场实质上就是农户。黄宗智（1986）也将新中国成立前的小农户称作家庭农场，但也有研究认为农户经营与生产规模没有必然的联系，更不能把农户经营视作小生产（尤小文，1999）。③农户是社会经济组织单位。农户指的是"生活在农村的，主要依靠家庭劳动力从事农业生产的，并且家庭拥有剩余控制权的、经济生活和家庭关系紧密结合的多功能的社会组织单位"(卜范达等，2003）。④农户与家庭不完全一致。尤小文（1999）认为，家庭的概念包括父母和未婚子女，农户是指共居一室，成员一起参加经济活动，可能包括非家庭成员。

在我国，农户是农业经营结构最重要、最基本的经济成分。据第二次全国农业普查统计的结果，截至 2008 年底，我国拥有各类农户 2.25 亿户。

2.1.2　农户分类

农户有多种分类形式，常见的是按照农户农业收入占家庭总收入的比重、农户耕地面积、地理位置、区域位置等客观标准来划分；也有按照农户户主的文化程度、年龄、家庭成员构成等主观因素来进行分类。

2.1.2.1　按照农户农业收入占家庭总收入的比重来分

依据全国固定观察点的调查标准，农户家庭兼业类型分为纯农户、一兼农户、二兼农户和非农户四类：

纯农户（纯农业户）是指农户家庭全年生产性纯收入中有 80% 以上来自农业，或家庭农村劳动力的绝大部分劳动时间从事农业。

一兼农户（农业兼业户、Ⅰ兼农户）是以农业为主、兼营他业，农户家庭全年生产性纯收入中有 50%～80% 来自农业，或者农村劳动力一半以上的劳动时间从事农业。

二兼农户（非农兼业户、Ⅱ兼农户）与一兼农户相反，以非农业为主、兼营农业，家庭全年生产性纯收入中有 50%～80% 来自非农业，或者家庭农村劳动力一半以上的劳动时间从事非农业。

非农户（非农业户）指在家庭全年生产性纯收入中有 80% 以上来自非农业，或家庭农村劳动力的绝大部分劳动时间用来从事非农业。

这里纯农户还可以按照生产条件（年龄、农业劳动力数量、生产资料、农业劳动技术水平等）的优劣进一步细分为专业农户、一般农户以及困难农户。专业农户除了种植粮食作物以外，还种植经济作物、养殖禽畜、从事农产品加工等，并且从当前来看专业农户从事的非粮食生产项目往往是其家庭收入的主要来源，而困难农户往往是老龄农户或者是身体条件不太好的农户，这些农户以粮食生产为主。

当前我国农村社会处于急剧的变革中，农户群体的兼业化倾向随着城镇化、非农化水平的提高非常明显，纯农户、一兼农户所占的比例呈不断下降趋势，二兼农户、非农户的比例呈明显上升趋势。与之相对应的是纯农户占有的农业生产资料在逐步增多，二兼农户尤其是非农户的农业生产产出占家庭总收入的比重在不断下降。

2.1.2.2 按照耕种土地规模划分

按照耕地规模来划分，可以分为小规模农户、中等规模农户和大规模农户等。以户均经营 10 亩地为主要标准，小规模农户依然是现实中的农业经营主体；超过 20 亩耕地的中等规模农户乃至 50 亩耕地以上的大规模农户的数量近年来通过土地流转机制的完善在逐渐增多，但是依然占很小的比重。

2.1.2.3 按照农户生产目的或者开放程度划分

包括市场化农户（社会化农户）、半封闭农户（半传统农户）、封闭性农户（传统农户或自给农户）。

2.1.2.4 按照农户所处的地理位置划分

可以按照经济发达程度分为发达地区的农户、中等发达地区的农户、不发达地区的农户，具体到我国的实际情况，可以分成东、中、西三个区域，如果具体到一个省，又可以根据省内不同县市经济情况排名进行划分。

总之，农户分类是一个动态变化的过程，农户类型是不断变化的，农户分类标准随着社会变迁不断变化，不同分类标准下的农户在某些方面是重合的，如小规模农户和中等规模农户可能同时是兼业农户，大规模农户可以是纯农业户，这在现实中非常普遍。

2.1.3 补贴

"补贴"也称作"贴补"，指"因不足而有所增益"。如唐代白居易《和东川杨慕巢尚书见寄十四韵》："老将荣补贴，愁用道销磨。"宋朝陆游《冬暮》："乘除富贵惟身健，补贴光阴有夜长。"清代钱谦益《病榻消寒杂咏》之十五："补贴残骸惟老病，折枝摩腹梦廻初。"茅盾《小巫》三："还是到西北乡去的好，那里的乡下老还有点油水，多少我们也补贴补贴。"在现代汉语中，"补贴"多指"贴补的费用"。

外来语中的"补贴"（subsidy），是指政府为促进公益，对私营企业、家庭或其他政府部门直接或间接给予的资金补助、经济特权或特殊优惠。

2.1.4　农业补贴及其分类

农业补贴是一国政府对本国农业支持与保护政策体系中最主要、最常用的政策工具，是政府对农业生产、流通和贸易进行的转移支付。WTO框架下的农业补贴是指针对国内农业生产及农产品的综合支持。农业补贴指针对农业生产者或者农产品、农业部门的"补贴"，有着悠久的历史，作为国际惯例，农业补贴有多种分类，在此介绍经济合作与发展组织（OECD）、世界贸易组织（WTO）对农业补贴的分类。

2.1.4.1　经济合作与发展组织（OECD）关于农业补贴政策的分类

经合组织对农业补贴主要是分成生产者支持估计、一般服务支持估计、消费者支持估计以及支持总量估计四类。具体情况见下面的表述。

（1）生产者支持估计（从A到G的合计）。

A. 基于商品产出的估计。

A1. 市场价格支持。

A2. 基于产量的支付。

B. 基于投入品使用的支付。

B1. 可变投入品使用。

B2. 固定资本形成。

B3. 农场服务。

C. 要求产量：基于现期耕种面积/牲畜数量/所得收益/收入总额的支付。

C1. 基于现期所得收益或收入总额。

C2. 基于现期耕种面积或牲畜数量。

D. 要求产量：基于非现期耕种面积/牲畜数量/所得收益/收入总额的支付。

E. 不要求产量：基于非现期耕种面积/牲畜数量/所得收益/收入总额的支付。

E1. 可变支付率。

E2. 固定支付率。

F. 基于非商品标准的支付。

F1. 长期的资源休耕停用。

F2. 某类具体的非商品产出。

F3. 其他非商品标准。

G. 混合支付。

（2）一般服务支持估计（从 H 到 N 的合计）。

H. 科研和发展。

I. 农业院校。

J. 检验检疫服务。

K. 基础设施。

L. 营销和推广。

M. 公共储备。

N. 混合。

（3）消费者支持估计（从 O 到 R 的合计）。

O. 从消费者向生产者的转移。

P. 消费者的其他向外转移。

Q. 纳税人对消费者的转移。

R. 额外的饲料成本。

（4）支持总量估计（从 S 到 U 的合计）。

S. 消费者转移。

T. 纳税人转移。

U. 预算收入。

2.1.4.2 世界贸易组织（WTO）：《农业协定》与农业补贴

世贸组织定义的补贴包括出口补贴和国内支持两类。其中出口补贴是根据农产品出口的实绩给予的补贴。国内支持指所有有利于农产品生产和农业生产者的国内支持措施。具体包括：

（1）"绿箱"补贴：指无贸易扭曲作用和对生产的作用，或此类作用非常小的国内支持措施。

1）要求免除削减承诺的所有措施应符合下列基本标准。

（a）所涉支持应通过公共基金供资的政府计划提供（包括放弃的政府税收），而不涉及来自消费者的转让。

（b）所涉支持不得具有对生产者支持提供价格作用。

另加下列特定政策标准和条件。

2）一般服务。

（a）研究。

（b）病虫害控制。

（c）培训服务。

（d）推广和咨询服务。

（e）检验服务。

（f）营销和促销服务。

（g）基础设施服务。

3）用于粮食安全目的的公共储备。

4）国内粮食援助。

5）对生产者的直接支付（包括第6～13款所列内容）。

6）不挂钩的收入支持。

7）收入保险和收入安全网计划中政府的资金参与。

8）自然灾害救济支付。

9）通过生产者退休计划提供的结构调整援助。

10）通过资源停用计划提供的结构调整援助。

11）通过投资援助提供的结构调整援助。

12）环境计划下的支付。

13）地区援助计划下的支付。

（2）"黄箱"补贴：是对贸易有较大扭曲作用的国内支持措施。

从附件3、附件4可以看出，主要包括：

1）市场价格支持。

2）不可免除的直接支付。

3）其他不可免除的政策。

（3）"蓝箱"政策：是《农业协定》第6条第5款规定的限产计划下的直接支付，将免于削减承诺。

本书研究的农业补贴主要是指种粮直补、农资增支综合补贴、良种补贴，对于农机具购置补贴由于是专项补贴，未作专门研究。

1）种粮农民直接补贴。是指国家为了保护种粮农民利益、调动种粮积极性、提高粮食产量和促进农民增收，给种粮农民的一项政策性补贴，简称粮食直补。

具体补贴标准按照粮食播种面积、三年平均粮食产量、粮食商品量各占一定比例进行计算分配确定。

2）农资综合补贴。补贴品种包括农膜、柴油、化肥、农药等农业生产资料，是国家对农民实行的一种直接补贴政策。遵循"价补统筹、动态调整、只增补减"的原则，根据柴油、化肥等农业生产资料价格的变动，要求建立和完善农资综合补贴动态调整机制，及时安排农资综合补贴资金，合理弥补种粮农民增加的农业生产资料成本，同时规定新增的补贴要重点支持种粮大户。

3）良种补贴。为了鼓励种粮农户使用良种，提高粮食产量和品质，国家对使用良种的农户给予一定额度的补贴。从 2011 年开始，良种补贴规模得到进一步扩大，部分粮食品种补贴标准也进一步提高。

2.2　农业补贴相关理论

2.2.1　农户激励理论

激励理论可以解释粮食增收困难、农业可持续发展遇阻等问题，原因是农业缺乏激励因素。对农户可以产生较大激励效果的从业领域是非农产业或者是收益较高的农业生产领域，激励理论一方面使大量农村劳动力外流，另一方面也是解释农户固守耕地的重要理论依据。

2.2.1.1　需求层次理论

美国心理学家亚伯拉罕·马斯洛（A. Maslow）于 1943 年在其论文《人类激励理论》中把人的需求分成生理需求、安全需求、社会交往需求、尊重需求和自我实现需求。马斯洛认为人的五种需求是分阶段性的、递进的，遵循从低级到高级的原则。处于不同阶段的人的需求是不一样的，低层次需要更关注生理需求和安全需求，随着低层次需求的不断满足，人们的追求相应提高，高层次需求建立在低层次需求的基础之上。

该理论告诉我们处于不同需求层次的人群关注的目标是有差异的，任何政策的制定都要考虑人类行为和心理活动的基本规律。

2.2.1.2　期望理论

弗鲁姆（V. H. Vroom）提出的期望理论认为激励是一个评价、选择的过程，人们是否采取某项行动一方面取决于对这项行动结果的预期，即结果的价值高低；另一方面取决于人们对取得该结果可能性的一种估计，一般认为能够达成该结果，则会激励人们采取措施去实现，否则，人们的积极性就会变弱。

期望理论给予我们的启示有三个方面，即处理好努力程度与绩效的关系、绩效与奖励的关系、奖励与个人实际需要之间的关系。

2.2.2　工业反哺农业理论

发展经济学的理论指出，在人类社会工业发展的初期，农业产业为工业经济的发展提供了大量的支撑，农业支持和哺育工业发展，然而随着工业部门的逐渐发展壮大，农业部门在国家经济发展中创造的资金价值比例逐渐降低，为了维护农业产业的基础地位，就需要通过发展起来的工业来反哺农业，保障国家的粮食安全和实现农业的多功能性。从国际经验来看，在经济发展的高级阶段，工业反哺农业是发达国家的普遍做法。

有学者认为工业反哺农业包括两个阶段，即产业支持阶段和收入支持阶段。对农业的支持首先是发展农业产业，将农村的富余劳动力转移出去，其次才是对剩余的农村人口进行收入支持。

2.2.3　农业弱质产业扶持理论

农业生产面临自然和市场的双重风险，与其他产业相比，农业的弱质性特征十分突出。首先，农业生产面临自然和市场的双重风险，一方面，农业生产的劳动对象是有生命的动植物，生长过程中需要水分、阳光、肥料、土壤等各种适宜的自然条件，这些条件本身就有极大的不确定性；另一方面，农业生产的周期较长，对市场价格变动的反应滞后，生产出来的产品面临滞销的风险。其次，将农业与其他产业进行比较可以发现，农业生产的比较收益较低，生产资金的投资回收期长，流动资金周转率低，关键是农业生产的收益低，导致了农业生产者对从事农业生产普遍不积极。

2.2.4 农业多功能理论

农业产业具有商品功能和非商品性功能，商品功能是指农业为我们提供食物和植物纤维，非商品性功能是指提供环境、社会、文化等功能，农业多功能性是指农业产业能为人类提供非商品性功能，目前对农业多功能性的讨论主要集中在保护和改善自然环境、形成地面景观、维护生物多样性、保障国家的粮食安全、消除贫困、增加就业、实现农村社会稳定和保留农耕文化等非商品产出方面。

表 2 - 1　农业的多功能性在不同范围的作用总结

环境功能	社会功能	粮食安全功能	经济功能	文化功能
全球： 维持生态环境 缓解气候变化 维持生物多样性	社会稳定 消除贫困	世界粮食安全	经济增长 消除贫困	文化多样性
国家： 维持生态环境 水土保持 维持生物多样性 维持空气质量	减少农村人口盲目向城市流动的副作用 替代性社会保障福利	食物供给保障 国家粮食安全	保障劳动力就业 经济缓冲	文化传承 对农业作用的新认识
当地： 维持生态环境 水土保持 维持生物多样性 污染排放和治理	促进农村就业 对农村社区产生稳定效果 提高家庭不同性别成员的价值	地区性粮食安全 农户粮食安全	第二和第三产业的就业效果	利用景观和文化开展旅游等活动 传统技术知识的继承

资料来源：倪洪兴. 非贸易关注与农产品贸易自由化［M］. 北京：中国农业大学出版社，2003：16 - 18.

2.3　农户分类补贴的立论基础

本书研究农户分类补贴问题首先需要明确的问题是为什么要从农户分类的视

角来分析农业补贴的政策绩效，这是本书研究的起点，也是全书研究的立论依据。本书认为，不同类型农户经营决策行为的差异是导致补贴绩效有差异的重要原因。因此必须从不同农户决策行为特征开始分析。至于农户分化，则是农户分类的原因。因此，在本节内容里，首先阐述农户分化的生成机理、分化与分类的关系、分类标准的选择，其次概括农户"理性"决策过程，最后分别介绍不同类型农户在投资行为（包括农业投资和非农业投资）、避险行为、家庭成员劳动组织行为等方面的差异，为后面的分析做好铺垫。

2.3.1 农户分化

2.3.1.1 农户分化的内在机理分析

农户分化的原因来自家庭劳动力就业机会的差异。在微观经济学生产者行为理论框架内，假设农户种植的是某农业品种，主要投入包括土地资源、生产资料（化肥、种子、农药等）、劳动力。当边际成本等于边际收益时，农户在该地块上使用的各种资源达到均衡状态。即：

$$P_r = P_a A + P_b B + P_c C \qquad (2-1)$$

其中，P_r 表示农户种植该作物的边际收益，等于农产品价格；P_a、P_b、P_c 分别表示劳动力价格、土地价格和生产资料价格，A、B、C 分别表示单位农业产出的劳动力投入、土地投入和生产资料投入。把式（2-1）进行变换，得到：

$$P_r - P_a A = P_b B + P_c C \qquad (2-2)$$

由于恩格尔定律的作用，农产品价格 P_r 呈下降趋势，但生产资料的价格 P_c 每年都在上涨，因此式（2-2）左边的值会不断变小。式（2-2）右边，由于制度等原因，农户的土地用途较为固定，而土地流转市场不发达，农户家庭的土地难以用流转价格表示，那么农户的土地投入基本不变，式（2-2）左右达到平衡只能是 $P_c C$ 减小，但是近年来劳动力价格 P_a 一直上涨，由此推出农户的理性选择是减少农业生产的劳动时间投入 A。对于一个具体的农户，P_r、P_c 是外生变量，如果不考虑外生变量的影响，影响 A 的主要是 P_a。随着社会经济的发展，劳动力就业机会和能力差异增强，农户间的 P_a 差异逐渐凸显。假如农户地块上的劳动力全部来自本身，与其他变量相比较，如果 P_a 增加幅度很大，等式左右相等，必然会减少 A。A 减少的经济学含义是劳动力的边际产出增加，生产单位农产品的劳动力投入减少（孙文华，2008）。P_a 逐渐增加的过程，就是农户从完全务农到大部分时间务农,再到小部分时间用来务农,直至脱离农业生产,成为纯非农户。由于不同家庭自身情况的差异,导致具体农户会处于从农业生产中逐步退出的不同阶段,因此就构成农户群体的分化。

因此,农户群体分化的直接原因是不同类型农户家庭劳动力机会成本差异的不断凸显,从而导致农户家庭土地和劳动力组合方式发生改变。而劳动力机会成本差异表现为农户家庭成员受教育水平和年龄的差异,农户家庭成员受教育水平对劳动力质量产生影响,家庭成员的年龄直接影响参与非农业劳动的成员数量,劳动力的数量和质量是造成劳动力机会成本差异的直接原因,劳动力机会成本差异必然带来农户经济分化(见图2-1)。

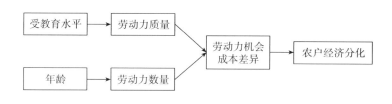

图2-1 农户分化内在机理

2.3.1.2 分化与分类的关系

农户分化与农户分类是一个问题的两个方面,农户分化是客观结果,表明农户之间在经济收入、生产行为、处事风格等方面存在客观差异;而分类则带有明显的主观色彩,是判断分析的结果。农户分类要依据农户之间的客观差异,但同时意味着要对不同的农户进行区分,说明农户之间存在不同和分化。

2.3.1.3 农户分类标准的选择

一个恰当的分类标准是本书研究的起点。当前农户之间的差异包括农户家庭占有的农业资源不同(土地、劳动时间、流动资金等)、土地利用的效率不同、种植结构不同。如何分配和使用这些资源取决于农户家庭的理性决策,即家庭收入最大化。而建立补贴资金(属于家庭收入的一部分)同家庭收入最大化之间的联系,将是分析补贴绩效的有效途径。鉴于此,我们排除了农户家庭耕地规模、地理位置等划分标准,采用农户农业收入占家庭总收入的比例对农户进行分类。将农户分成纯农户、一兼农户、二兼农户和非农户四类,其中,四类农户所在的地区都是适合种植粮食作物的地区,调查中排除了不适合种植粮食作物的地区，此外将非农户列入研究范围的原因是调查地区的非农户拥有一定面积的耕地，而且主要是粮食种植，但由于非农业收入的不断提高，粮食价格和产量变化不大，这类农户就逐渐成为定义中的非农户（韦革，1998）。

2.3.2　不同类型农户经营决策行为存在差异

2.3.2.1　农户经营决策行为的主流研究回顾

农户行为包括生产行为、投资行为、消费行为、经营行为、决策行为等，可以统一归结为农户的经营决策行为。目前的研究主要分成以舒尔茨为代表的理性小农假说，以恰亚诺夫为代表的道义小农假说，以黄宗智为代表的综合小农假说。

理性小农假说的代表性人物是西奥多·W. 舒尔茨，他沿用西方形式主义经济学里面对人的假设，提出小农是"经济人"，同资本主义社会的企业家具有相同的性质，在配置农业生产要素时遵循帕累托最优，小农的家庭经济虽然贫穷但是有效率。S. 波普金认为农户能够综合评价自己所处的环境，结合自己的偏好，做出对自身价值最大化的决策，是理性的小农，理性小农假说强调小农做决策的动机是理性的，舒尔茨、波普金等都反驳了关于小农懒惰、不思进取的观点，坚持认为小农所做的决策是完全出于理性的，因此，舒尔茨所指的改造传统农业是指为农户提供合理的现代生产要素，不能削弱农户的自由市场体系和农户的生产组织功能。

道义小农假说来自于俄国农业经济学家恰亚诺夫，该假说侧重对农户家庭的生产组织和农业生产的结构进行分析研究，恰亚诺夫的研究对象是20世纪30年代集体化之前的俄国农民，经过对时间跨度长达30年之久的跟踪调查材料分析，得出的结论是小农追求的生产风险最小化并非利益最大化，小农从事生产的目的是满足自身家庭的消费，一旦家庭的需要被很好地满足，农户就不会为追逐利益再去辛苦地工作，因此这样的农户行为是基于家庭需要和自身劳动强度之间的平衡，并非比较成本和收益之间的大小。恰亚诺夫认为小农的生产行为完全受家庭需要的指挥，如果家庭需要没有被满足，即使市场工资已经高于生产的边际收益，小农也会继续生产。美国经济学家斯科特认为，道义小农认为"安全是第一位的"，经济利益的获取首先应该遵循生存逻辑，不应该为了获取经济利益而去冒很大的风险。

综合小农学说的代表人物是黄宗智，该假说结合了农户的生计需要和对利润的追求，通过对我国农户的观察分析，对利润的追求是为了更好地生存下去，农户行为的理性体现在效用和利润的平衡上，既不是舒尔茨提出的追求利润最大化的小农，也不是恰亚诺夫指出的追求安全第一、追求家庭效用最大化的小农，而是综合两种农户的特点，兼而有之。

农户行为理论对于指导我们正确认识并分析农户行为的动机有着十分重要的作用。

2.3.2.2 农户理性决策过程分析

图 2 - 2 为多因素条件下农户理性决策的过程。农户做出的最终决策是结合自身条件与掌握的市场信息基础上，进行市场需求及效益分析、农户市场供给能力分析之后，从多个可选方案中挑选的最优决策，而且农户行为决策的整个过程受到政策体制引导与制约。不同农户之间决策行为的差异主要来自农户对市场需求及效益的判断差异、心理预期差异。

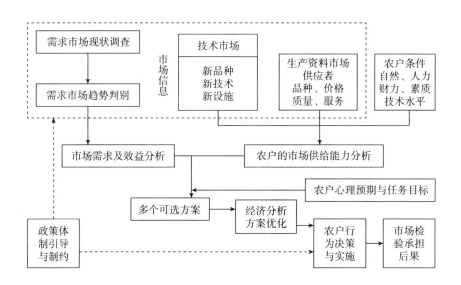

图 2 - 2 多因素条件下农户理性决策的过程

2.3.2.3 不同类型农户投资行为分析

关于不同类型农户投资行为的分析，这里分成农业投资行为和非农业投资行为分析。

（1）不同农户农业投资行为分析。

由纯农户、一兼农户、二兼农户、非农户构成的农业经营主体与20世纪80年代之前的均质化农户在农业生产方面的投资行为存在明显差异。很长时间里，城乡二元结构紧固，农户劳动力流动停滞，整个社会能够提供的非农就业机会有限，农户需要依附土地谋生。农户投资农业生产的目的是围绕满足家庭和国家需要[1]，农业生产收入是所有家庭收入的重要来源。但是随着市场经济的发展壮大，农户就业选择出现多样化。不同类型农户由于家庭主要收入来源的差异，对于农业投资的动机有着明显差异，纯农户、一兼农户家庭收入的主要部分来自农业生产，因此，非常重视农业投资，二兼农户和非农户家庭收入主要依靠非农业，在农业生产中的投资意识较为淡薄。

需要指出的是，从农户投资的心理基础和任务目标来看，市场经济下的农户投资行为与计划经济年代农户的投资行为有着较大的差别。但不同农户之间的这种投资心理基础和任务目标的差异也同样存在。

（2）不同农户非农业投资行为分析。

农户进行非农业投资的目的是获取更多的经济收入，弥补农业收入的不足。但是不同类型农户在非农业投资的数量和方式上存在较大的差别。纯农户、一兼农户的非农业投资主要是依靠家庭部分成员的时间投入，即利用农闲时间从事短暂的非农业劳动，获取少量的非农业收入；这种通过劳动时间的投资方式主要目的是增加农业生产的流动资金，缓解家庭的资金压力。二兼农户、非农户的非农业投资行为不仅表现在劳动时间的非农化趋势，更为明显的特点是依靠资本投入、技术投入、人员投入获取更多的经济收入，这些资本投入包括资金、设备（非农业劳动的工具）等，技术投入是指农户为了获得非农业就业机会而进行的自我投资，主动学习和掌握非农业劳动技能，人员投入体现为整个家庭成员就业方式的非农化。因此，从农户分化的程度来看，越是非农户家庭，其非农业投资就越主动、投资规模越大、投资方式越多样化；而越是纯农户，其非农业投资行为就越保守、投资规模越小、方式越单一。这与纯农户规避风险的心理有着密切的联系。

不同类型农户投资的特征总结见表2-2。

---

① 2006年农业税取消之前，农户需要向国家缴纳粮食，"三提五统"是当时情形的最好概括，三项村级提留，五项乡统筹。

表 2-2 不同类型农户投资的特征总结

类型	纯农户	一兼农户	二兼农户	非农户
投资水平	低	→	→	高
投资结构	农业为主	→	→	非农业为主
投资方式	时间投入	→	→	时间投入、技术投入、资本投入
投资时间	短期、零散	→	→	长期、连续

注：箭头方向表示投资从纯农户到非农户的变化趋势。

2.3.2.4 不同类型农户避险行为分析

农户在农业生产中做出结构调整时会面临较大的风险，这些风险主要是：①自然风险。不同的农业生产项目受到气候和自然条件的影响不同，从而使农业生产投入和产出发生波动。②市场风险。蛛网模型表明，农业生产周期长，农产品价格波动频繁，而且波动幅度大，加之发展中国家由于市场的不成熟，市场信息匮乏，农民收入受市场价格波动的影响更大。③政策风险。由于政府对农户生活和农业生产干预过多，且政策经常变化，这些都表现出巨大的变异性，严重影响到农民生活的稳定。

不同类型农户面对风险的态度不同，对其经营行为有着直接影响。现实中，我们看到农户为了规避风险采取多样化经营的方式，实现了效益最大化，但却可能牺牲了利润最大化。不同农户规避风险的做法存在较大差异，纯农户经营的作物品种较多，体现了风险规避的意识，而二兼农户和非农户的农作物种植品种相对单一。

2.3.2.5 不同类型农户劳动组织行为分析

农户家庭是一个由若干个劳动成员组成的、围绕共同目的结合在一起的有机整体，家庭成员有自由支配自己劳动能力的权利。这种自由支配权包括成员的就业安置以及家庭成员之间的劳动分工与协作。

家庭成员参加劳动的心理基础来自两方面：一是家庭成员对劳动自身的需要；二是农户生活（生存）需要。家庭成员就业可以实现两个目标：获得稳定的就业机会和较高的劳动报酬。不同农户参加劳动的心理基础存在差异，导致纯农户、一兼农户、二兼农户、非农户家庭内部劳动分工与协作程度不一样。纯农户家庭成员将劳动时间绝大部分投入到农业生产中，由于主观原因或者客观条件的限制很少兼业；一兼农户家庭成员的大部分劳动时间用于农业生产，但有一定的时间投入到非农业生产中，这种时间投入可能表现为家庭成员中某一个人集中兼业，也可能表现为多个成员少量的兼业；二兼农户家庭成员中兼业程度较高，农业生产的劳动投入较少；非农户主要是依靠非农业劳动投入，家庭成员在劳动分工上，任务明确。

2.3.3 不同类型农户所从事的产业在农业中的地位不同

农业生产涉及粮、菜、茶、果、花、禽畜、水产种养业等各种农产品的生产，但不同农产品在国民经济发展中体现的作用是不一样的。众所周知，民以食为天，食以粮为主，可见粮食对一个国家的重要性。

粮食作为一种战略性资源，粮食生产关乎国计民生，有学者认为粮食比核武器更为重要（朱信凯，2012）。与休闲农业、观光农业、绿色生态农业等现代农业体现出来的农业多样化相比，粮食生产能够满足人们的基本需求，是农业生产最重要的功能，从事粮食生产的农户在农业生产中的地位更高，理应得到更多的补贴。

3 农业补贴政策的演变与存在问题分析

——基于分类视角

3.1 我国农业分类补贴政策的演变

我国农业的分类补贴思想主要体现在补贴对象的差异方面，农业补贴的对象在发生变化，经历了由着重补贴消费者，到补贴消费者和粮食流通企业，并以粮食流通企业的补贴为主，再到补贴生产者的过程。从负补贴到正补贴、从补贴流通环节到直接补贴农户、从补贴消费者到补贴生产者是农业补贴政策适应社会发展需要做出的积极调整。

就具体政策而言，并没有出台过分类补贴的文件，本书主要是从政策分类的角度梳理具体补贴政策对特定群体的影响。

3.1.1 补贴消费者

侧重补贴消费者的时期是 1960～1992 年，明显特征是压低粮食价格支持城镇发展。政府规定了粮食收购和销售的价格，统一购买粮食和销售粮食，我们称之为"统购统销"政策。国家对城镇居民的基本粮食需求进行了大量的"补贴"。这种补贴主要是以压低粮食价格体现的，因此对农民是负补贴，重点补贴城市居民（亢霞，2008）。本该属于农民的利益被转移到城市消费者，这是一种农业支持工业发展的模式。据冯海发、李澄（1993）测算，1953～1978 年，国家通过"剪刀差"从农业中获取资金3376亿元。依托重工业优先发展战略,我国在这段时期建立了比较完善的工业体系,农村为我国工业的发展做出了巨大贡献。

在对消费者进行重点补贴的同时,涉及农业的补贴最早有20世纪50年代末的国营拖拉机站"机耕定额亏损补贴",之后逐渐扩展到农用生产资料的价格补贴、农业生产用电补贴、贷款贴息补贴等方面。朱希刚(1992)认为发展中国家对于农业的补贴很大一部分仍来自农业,是对农业收入的一种隐蔽的转移。其研究援引一些对发展中国家粮食价格补贴的估计,印度政府实际只负担了10%,其余90%是由农民负担;巴基斯坦国家负担36%,农民负担64%;孟加拉是国家和农民各负担50%。相比城镇消费者而言,农民不仅没有补贴反而要承担很多的负补贴,可见对消费者的补贴更多的是牺牲了农民的利益。

还有学者从生产者补贴等值、消费者补贴等值角度研究这一时期农业补贴政策对消费者实行正补贴,对生产者实行负补贴。朱希刚(1992)测算1990年大多数农产品的生产者补贴等值为负值,消费者补贴等值为正值,如棉花、猪肉、牛肉、大米、小麦、粗粮。这反映了国家农业补贴政策对生产者和消费者的影响程度,农业补贴更多的是给了消费者。

3.1.2 补贴流通环节

补贴流通环节的标志是粮食保护价收购政策,时间节点是1993~2003年(见表3-1)。1993年,我国放开了对粮食购销价格的管制,建立粮食保护价制度,政府以高于市场价格收购粮食,保护农民利益免受市场风险损害,但是对流通环节补贴的政策没有使农民收入随着粮价的上涨而大幅增加。农业补贴的重点放在流通环节,最终还是消费者获益。

表3-1 1993~2003年国家政策性补贴支出明细表　　　单位:亿元

年份	合计	粮棉油价格补贴	平抑物价等补贴	肉食品价格补贴	其他价格补贴
1993	299.30	224.75	—	29.86	44.69
1994	314.47	202.03	41.25	25.41	45.78
1995	364.89	228.91	50.17	24.17	61.64
1996	453.91	311.39	53.38	27.46	61.68

年份	合计	粮棉油价格补贴	平抑物价等补贴	肉食品价格补贴	其他价格补贴
1997	551.96	413.67	43.20	28.25	66.84
1998	712.12	565.04	28.10	26.09	92.89
1999	697.64	492.29	14.25	20.55	170.55
2000	1042.28	758.74	17.71	19.39	246.44
2001	741.51	605.44	16.74	4.55	114.78
2002	645.07	535.24	5.32	1.60	102.91
2003	617.28	550.15	5.15	1.28	60.70

资料来源：根据《中国统计年鉴》（1994~2004年）整理。

这个时期对流通环节的补贴可以细分为以下两个典型阶段。

第一阶段：1993~1997年，由补贴粮食企业经营费用和购销差价且以后者为主的方式，开始转向补贴粮食企业等流通环节，主要的存在形式是粮食风险基金。粮食风险基金始建于1994年，是中央和地方政府用于平抑粮食市场价格，补贴部分吃返销粮农民因粮食销价提高而增加的开支，是促进粮食生产稳定增长，维护粮食正常流通秩序，实施经济调控的专项资金。这是我国针对关系国计民生的重要商品而建立的第一个专项宏观调控基金。

在国办发〔1998〕17号文件中，明确规定粮食风险基金必须专项用于：第一，支付省级储备粮油的利息、费用补贴；第二，粮食企业执行敞开收购农民余粮的政策，致使经营周转粮库存增加，流转费用提高，而又不能通过顺价出售予以弥补的超正常库存的利息、费用补贴。

根据粮食风险基金用途，按照丰年向产区倾斜、歉年向销区倾斜的原则分配中央财政补助资金。当年节余的粮食风险基金，如数结转到下年滚动使用，但不得抵顶下年应到位资金。

第二阶段：1998~2003年，注重对流通环节提供国家储备粮补贴和粮食风险基金。国家储备粮是指政府储备的用于调节社会粮食供求总量，稳定粮食市场，以及应对重大自然灾害或者其他突发事件等情况的粮食和食用油。

对流通环节的补贴是这段时间补贴的重点，对农业的直接补贴包括农村开荒补助费、草场改良保护补助费、造林补助费、林木病虫害防治补助费以及退耕还林粮食补贴。

3.1.3　补贴生产者

2004 年开始，补贴由负转正，农业补贴加强了对农业生产者的补贴。表 3-2 反映了 2004～2012 年我国四项补贴的支出情况，直补农户补贴投入力度在不断加大。2004～2012 年，农业补贴的总额有了快速增长，反映了政策的连贯性和稳定性。而据马晓河、蓝洪涛、黄汉权等（2005）的研究，我国的农业补贴正处于工业反哺农业的转折期，距离大规模的补贴还有一定的差距。

表 3-2　2004～2012 年我国四项补贴的支出情况　　　单位：亿元

项目	2004	2005	2006	2007	2008	2009	2010	2011	2012
粮食直补	116	132	142	151	151	151	151	151	151
农资综合补贴	—	—	120	276	716	795	835	860	1078
农机具购置补贴	0.7	3	6	20	40	130	154.9	220	220
良种补贴	28.5	37.52	40.2	66.6	120.7	198.5	204	175	200
合计	145.2	172.52	308.2	513.6	1027.7	1274.5	1344.9	1406	1649

注：2002 年、2003 年良种补贴分别只有 1 亿元和 3 亿元。

资料来源：2010 年数据来自财政部《2009 年中央和地方预算执行情况和 2010 年中央和地方预算草案的报告》。2004～2010 年数据根据程国强著的《中国农业补贴：制度设计与农业选择》的资料，2011 年、2012 年数据根据农业部网站政策法规栏目相关数据整理。

现行的农业补贴政策主要分为综合性收入补贴政策和专项生产性补贴。综合性收入补贴主要是粮食直补和农资综合补贴两项，直接补贴农民收入，对农产品市场没有扭曲作用，属于"绿箱"补贴；而专项生产性补贴政策可以分成农机具购置补贴、良种补贴和最低收购价，对农产品市场及贸易会产生扭曲作用，属于"黄箱"补贴。

农业补贴政策的转变，尤其是补贴方向的改变有着深刻的现实背景，我国目前已经具备了直接补贴生产的条件，从国际经验来看，转变补贴思路是一种必然的选择（见表 3-3）。

表3-3 部分国家和地区农业补贴方向转变时期的经济环境

部分国家和地区	补贴方向转变时间	人均GDP达到1000美元时间	转变时期的经济环境				
			人均GDP（美元）	占GDP的比重（%）		农业人口比重（%）	恩格尔系数（%）
				工业	农业		
美国	20世纪50年代初	1955年	740	43	6	5	45
法国	20世纪50年代初	1953年	690	42	15	25	53
西德	20世纪50年代初	1957年	490	44	10	15	46
日本	20世纪60年代初	1966年	460	38	13	32	44
韩国	20世纪60年代末70年代初	1977年	248	25	28	59	54
中国台湾	20世纪70年代中期	1976年	913	43	12	31	44

资料来源：熊存开. 部分国家和地区农业补贴方向转变时期的经济环境［J］. 农业经济问题，1992（5）：38.

然而，按照朱希刚的计算，我国在1990年的经济环境已经和表3-3所列的部分国家和地区相似，应该转变农业补贴方向，直到2004年才推开的对农业生产者的补贴可以说迟到了14年之久。当然，不排除部分地区已经开展了对生产者补贴的政策，如以工补农，但绝大部分地区更多的是将对流通环节的补贴持续到2004年，甚至将对流通环节的补贴惯性延续至今。

3.1.4 对生产者和消费者补贴的比较

根据经济学原理，在市场经济条件下，无论对消费者补贴还是对生产者补贴，消费者和生产者都将从中获益，获益的大小与对谁补贴没有关系。只要补贴是相等的，补贴行为所形成的效率损失也没有区别。问题在于：

（1）农产品本身的收入弹性较小，政府很难实现通过补贴消费者来补贴农业的目标。因为随着人口收入的增加，按照恩格尔系数的规律，人们不会将增加的收入用于购买更多的食品，从而使得对消费者的大量补贴并没有通过消费者的购买行为转移到粮食生产者手中，由于消费者在其他行业的消费增加，等于是把对农业的补贴转移到其他行业中了。

（2）考察对消费者补贴的时间段，城乡收入差距本身就非常大，1995～1997年，我国农村人均存款分别为160.5元、170.6元、149.2元，城镇人均存款分别为1923.0元、2053.7元、1747.7元，同期城镇居民可支配收入与农村居民可支配收入之比分别为4.25、3.87、3.75。城乡收入差距如此之大，继续对城镇居民进行补贴显失公平。根据希克斯——卡尔多效率原则，农业补贴从消费者向生产者转移，能够使社会财富增加，虽然短期会使消费者的利益受损，但对农业生产者的补贴可以更大程度地发挥补贴的价值，长期来看对社会贡献要比补贴消费者对社会的贡献大。

3.2 农业补贴的现状

经过8年多的时间，农业补贴政策呈现制度不断完善、金额不断增加的局面，体现了政府对粮食安全与农户增收问题的关注。

3.2.1 补贴数量逐年递增

以四项补贴为例，2004年的补贴总额为145.2亿元。2005年为172.52亿元，2006年为308.2亿元，2007年为513.6亿元，2008年为1027.7亿元，2009年为1274.5亿元，2010年为1344.9亿元，2011年为1406亿元，2012年达到了1649亿元。补贴数额逐年增长，其中增长数量最多的是2008年，比2007年增加了一倍多，增速也达到近几年之最（见表3-4）。

四项补贴中粮食直补从2007年开始稳定在151亿元，增长速度最快的是农资综合补贴，目前所占数量最大，农机具购置补贴和良种补贴也有较大程度的增加。

表3-4　2004~2012年四项补贴年增长情况　　　　单位：亿元,%

年份	粮食直补	农资综合补贴	农机具购置补贴	良种补贴	四项合计	年增长额	年增长率
2004	116	—	0.7	28.5	145.2	—	—
2005	132	—	3	37.52	172.52	27.32	18.8
2006	142	120	6	40.2	308.2	135.68	78.6
2007	151	276	20	66.6	513.6	205.4	66.6

续表

年份	粮食直补	农资综合补贴	农机具购置补贴	良种补贴	四项合计	年增长额	年增长率
2008	151	716	40	120.7	1027.7	514.1	100.1
2009	151	795	130	198.5	1274.5	246.8	24.0
2010	151	835	154.9	204	1344.9	70.4	5.5
2011	151	860	220	175	1406	61.1	4.5
2012	151	1078	220	200	1649	243	17.3

资料来源：根据相关资料整理。

3.2.2　补贴种类不断健全

实施农业补贴政策8年来，从补贴的大项和每项补贴的种类来看，补贴种类逐渐增加。目前关于粮食补贴的种类包括粮食直补、农资综合补贴、农机具购置补贴、良种补贴、政策性农业保险补贴。不少地区还根据当地的特点组织实施了一些新的补贴种类。如山西省、江苏省开展的秸秆还田作业补贴，陕西省的玉米地膜补贴等。其中，2004年开始实行粮食直补、农机具购置补贴、良种补贴，试点开展政策性农业保险补贴，2006年开始实行农资综合补贴。

补贴项目逐渐增加，如良种补贴从最初的水稻、小麦、玉米补贴扩大到马铃薯、棉花、花生、青稞等农作物补贴；农机具购置补贴包括的农机局数量和种类也有了较大的增加；政策性农业保险补贴涉及更多的农作物品种。

以山东地区为例，从开始实行对小麦、玉米补贴，增加到对棉花、花生的良种补贴（见表3-5）。

表3-5　2004~2012年山东省小麦良种补贴情况

年份	面积（万亩）	金额（亿元）	补贴范围
2004	250	0.25	涉及菏泽、济宁等5个市的成武、曹县、汶上等12个项目县（市、区）
2005	2480	2.48	补贴范围由12个县增加到83个县和1个国有农场
2006	2380	2.38	80个县和1个国有农场
2007	2385	2.385	80个项目县
2008	3200	3.2	98个县（市、区）和1个农场

续表

年份	面积（万亩）	金额（亿元）	补贴范围
2009	6341.54	6.34154	151 个县（市、区）
2010	5584	5.584	含几个国有农场
2011	5840.12	5.84012	152 个县（市、区）
2012	5516	5.516	154 个县（市、区）

注：从 2006 年起统计的资料不含青岛市。

资料来源：根据相关网站资料整理。

近年来山东省小麦良种补贴范围逐步稳定扩大，由 2004 年的 12 个项目县扩大到 2012 年的 154 个县。补贴面积 2004～2009 年快速增长，2009 年达到最大，为 6341.54 万亩，之后的 2010～2012 年补贴面积稍有下降，分别为 5584 万亩、5840.12 万亩、5516 万亩。

2007～2008 年山东省棉花良种推广补贴项目面积 630 万亩，良种补贴资金9450 万元。2009 年棉花良种补贴实行全覆盖，最终落实良种补贴面积1367.816413 万亩，补贴资金超过 2.05 亿元。2007～2009 年三年补贴方式由政府采购良种补贴棉农，即差价供种方式。2010 年开始改为现金直接补贴方式对棉农进行补贴，调整了棉花良种补贴办法，棉花良种补贴面积达到 1133.95 万亩，补贴资金超过 1.7 亿元。良种补贴项目实施四年来，棉花品种布局得到优化，棉农种植棉花的投入持续减少，山东棉花生产呈现政府、企业和农户三方满意的良好效果，棉花产业得到稳定发展。

2011 年山东省实施花生良种补贴，投入 8700 万元，对 34 个县（市、区）的近 700 万亩花生进行补贴。主要针对胶东、鲁南花生集中产区，享受补贴的县（市、区），花生良种统供率稳定在 50% 以上，平均亩产比前 3 年平均增产 15%，比全省平均亩产增产 50 公斤，含油率提高 2%。2012 年的花生良种补贴继续保持在 8700 万元，全省合计大田生产面积 621.429 万亩，补贴任务 620 万亩，补贴资金 6200 万元；良种繁育任务面积 62.1429 万亩，补贴任务 50 万亩，补贴资金 2500 万元。

3.2.3 补贴目标逐渐清晰

出台农业补贴政策与 2004 年之前我国农业生产的情况紧密相关，1998～

2003 年，我国农业产量和粮食耕地面积逐年减少，农户种粮积极性不断降低，土地抛荒撂荒现象严重。1998 年我国的粮食产量为 10246 亿斤，2003 年减少到 8613 亿斤，减幅达到 16%，全国粮食播种面积 1998 年为 17 亿亩，2003 年降至 15 亿亩，形势非常严峻。

为了提高农户种地的积极性，保证我国粮食安全，2003 年经过试点，2004 年全面铺开了农业补贴政策。对种粮农户的补贴一开始是普遍补贴的方式，最近几年提出新增农业补贴向种粮大户、家庭农场、专业合作社、农业产业化龙头企业倾斜，向产粮大县、粮食主产区倾斜。希望借助对补贴对象的调整实现对农业生产结构的调整和优化，建立适合家庭经营的适度规模农业经营模式。

3.3　农业补贴政策存在的问题分析

3.3.1　难以长期调动农户生产的积极性

（1）补贴尤其是对兼业农户的吸引力较小，无法调动农民种粮的积极性。

据樊明等（2011）调查发现，粮食直补、取消农业税对农民积极性的影响很小，有较大促进和大大提高了积极性的样本数分别仅占样本总数的 14.34% 和 6.80%（见表 3 - 6）。这说明补贴政策虽然对农户的种粮积极性有影响，但由于补贴数量太少，这种积极影响很小。原因在于我国自 20 世纪 80 年代实行家庭承包责任制以后，虽然土地经过多次调整，但土地分配是按照人口数量均分，农户拥有的土地数量和农户家庭人口的数量紧密相关，在很多地区农户难以租到更多的土地或者这些土地本来就在种植粮食，农业生产规模受到自然条件的限制，补贴在激励农户方面发挥的作用有限。

农户在农业生产上的投入不足，农业生产的效率不能提高。目前农业生产效率更多来自技术进步，农户对农业生产大多采取粗放式管理方式，生产过程中的劳动力投入和资金投入明显不足，导致田间管理精细化程度不够，追肥次数和效果大打折扣，喷灌次数减少，农业收成受自然条件影响增大。

表3-6 粮食直补、取消农业税对农民种粮积极性的影响

影响	选项占样本百分比（%）	样本数	影响	选项占样本百分比（%）	样本数
没什么影响	10.81	162	有较大促进	14.34	215
有一些促进但不大	30.89	463	大大提高了积极性	6.80	102
有一些促进	37.16	557			

资料来源：樊明等．种粮行为与粮食政策［M］．北京：社会科学文献出版社，2011。

户均补贴的数量偏少，而且补贴的交易成本太高，以我们调查到的日照市于里乡镇2011年棉花良种补贴为例，见附录，从表中可以看出由于户均种植数量较小，户均补贴总量较少。同每个农户进行交易的成本较高。而该镇当年统计核实的玉米良种补贴面积为36200.04亩，涉及农户11094户，户均面积数量为3.26亩，补贴金额按照山东省2011年制定的标准，棉花15元/亩，玉米10元/亩，平均每户可以拿到的玉米良种补贴为32.6元。

（2）种粮农户和不种粮农户补贴相同，难以调动种粮农户积极性。

据黄季焜等（2011）对6省784户农户的调查发现，各省份种粮农户与不种粮农户获得补贴金额在各省内都基本一样。从表3-7中统计的调查结果可以看出，不种植粮食依然可以获得补贴的农户在有些省份的比例较高。

在我国农业补贴总量偏少，农户户均数量较少的背景下，如果对种粮农户和不种粮农户实施相同标准的补贴，一方面会分散有限的补贴资金，另一方面农业补贴也不能凸显对种粮农户的激励作用，不种粮农户会因为补贴的存在长期占有农业生产资料，妨碍土地规模化经营。

出现这种情况的原因一方面与监督不严有关，工作人员为减少工作环节，没有实地考核；另一方面与工作人员的工作方式有很大关系，越是在村子里统计的时候，作为熟人很难拒绝不种地但拥有土地的农户获得补贴。

表3-7 2008年各省份种粮农户与不种粮农户的数量和比例 单位：户，%

省份	样本量	种粮农户		不种粮农户	
		数量	比例	数量	比例
河北	158	110	69.6	48	30.4
陕西	139	130	93.5	9	6.5
辽宁	158	149	94.4	9	5.7

续表

省份	样本量	种粮农户		不种粮农户	
		数量	比例	数量	比例
浙江	55	50	90.9	5	9.1
四川	134	105	78.4	29	21.6
湖北	103	95	92.2	8	7.8
合计	748	640	85.6	108	14.4

注：表中农户在 2008 年得到过粮食直补和农资综合补贴。

资料来源：黄季焜等．粮食直补和农资综合补贴对农业生产的影响［J］．农业技术经济，2011 (1)．

3.3.2 补贴资金过于分散，针对性不强

与农业和农民相关的补贴过于分散，种粮补贴、养猪补贴、家电下乡补贴等，有限的补贴资金被稀释，造成在种植业的补贴资金分散到农户手中难以发挥资金的效率。

按照面积来均分补贴，一方面补贴资金不能对农户收入有很大影响，另一方面由于补贴资金的存在，农户流转土地的意愿下降，农户为了获得补贴，只是暂时流转土地，长期对生产资料占而不用，阻碍农业经营规模化。

调查显示，大多数农户知道国家对种粮农民有补贴，而且确实得到了一定的补贴资金，但很多农户不清楚自己获得的补贴都有哪些，习惯把所有的补贴项目混在一起。获得了补贴但不清楚补贴金额的原因主要包括：①长期没有去银行查询自己的账户；②调查对象不清楚，存折由家人保管；③确实记不清楚具体的补贴数额了。如果连农户自己都不清楚到底获得了多少补贴，补贴政策怎么会影响到他们的农业生产决策呢？另外很多农民把各种补贴项目混在一起，分不清楚哪些是粮食直补，哪些是农机具购置补贴，哪些是农资综合补贴或者良种补贴，尤其是将其他存款混在一起，就更加分不清楚了。另外，不少地方代发补贴的银行在存折上打出的明细表述不明白，也成为农户无法分辨补贴项目的原因。

表3-8是实地调查获得的某农户农业补贴存折情况，从该农户的存折中可以看出这样一些信息：①补贴发放时间分成上半年和下半年两次，基本上都在耕地时节之前通过银行系统发放给农户，较为及时。②该地区发放的补贴种类包括种粮补贴、农资补贴、其他和资金扣划四个项目。③部分项目让人费解，首先，

2008 年 5 月 20 日发放的种粮补贴在 23 日被直接从账户上"资金扣划",5 月 27 日又被打进账户;其次,项目"其他"让被调查的农户搞不清楚是发的什么补贴,由于该农户有 2.1 亩耕地,42 元钱像是小麦和玉米的良种补贴;最后,补贴怎么出现了"工资"?这些项目表述不清楚。④该农户土地面积没有变化,2008～2011 年种粮补贴在增加,体现了国家政策的连续性和补贴力度的增强,但是该农户 2012 年获得的种粮补贴比 2011 年减少了一半。⑤2009 年的农业补贴信息缺失,农资补贴有的年份有,有的年份没有,而且不同的年份差别很大,也没有遵循逐年增长的趋势,2012 年出现的农资补贴相比 2008 年波动幅度特别大。以上③、④、⑤条信息是农户不能理解的,明显存在需要解释的空间。

表 3 - 8　实地调查获得的山东青岛胶州某农户农业补贴存折情况　单位:元

时间	项目	金额	时间	项目	金额
2008 年 5 月 20 日	种粮补贴	67.20	2011 年 2 月 22 日	种粮补贴	64.00
2008 年 5 月 23 日	资金扣划	-67.20	2011 年 2 月 22 日	种粮补贴	333.80
2008 年 5 月 27 日	种粮补贴	67.20	2011 年 3 月 1 日	其他	40.00
2008 年 6 月 26 日	农资补贴	269.64	2011 年 3 月 8 日	其他	40.00
2008 年 10 月 08 日	农资补贴	31.83	2012 年 2 月 15 日	种粮补贴	178.50
2010 年 1 月 29 日	其他	42.00	2012 年 2 月 15 日	种粮补贴	33.60
2010 年 4 月 14 日	种粮补贴	149.93	2012 年 3 月 7 日	工资	21.00
2010 年 4 月 14 日	种粮补贴	35.20	2012 年 4 月 24 日	农资补贴	42.00
2011 年 1 月 19 日	其他	42.00			

资料来源:笔者根据实地调查整理。

3.3.3　农业补贴环节偏多,成本高

当前补贴环节过多,农户获得每亩地 100 多元的补贴,涉及的补贴项目包括种粮直补、农资综合补贴、良种补贴等,增加了农户、补贴发放机构、涉农政府部门的成本。

补贴是分阶段、按不同的类别发放给农户的。农户为了拿到补贴款项需要分多次前往银行查询账户,取款,耽误了时间,增加了交通费等。

由于是多次发放,负责发放补贴款项的金融机构不堪重负,2012 年底,四

川省宜宾市就农业补贴绩效问题开展了专项调查,以长宁县为例,有农户11.4万户,代发金融机构按照每家农户一个专户补贴存折计算,仅工本费一项成本费用就接近20万元。2011年该县农村信用社打印机也因超负荷运行报废26台。近年代理发放补贴的农村金融机构为了节约成本,采用"一卡通"代替补贴专户存折,成本虽然有所下降,但农户想要了解清楚补贴种类和补贴金额,存在一定的困难。

实施农业补贴主要涉及财政、农林、农机和农村商业银行等多个单位,而且每一项农业补贴都需要经过申报、面积核实、张榜公布、复核,甚至再复核、再公布等许多流程和环节,存在协调困难、工作繁杂、效率低下、劳动重复等多种问题。仍以长宁县为例,上级财政每年拨付该县农业补贴专项费用4万元,即使不考虑代理金融机构费用,涉农部门实际费用也超过10万元。而来自江西九江大港镇的数据显示,仅印制补贴资金台账、通知书等每年就约需2000元,再加上检查费用、乡村干部误工工资、加班费等,一年至少需要2万元,全县24个乡镇就需要将近50万元,这还不包括信用社一次性无偿提供的价值14万多元的存折。

农户分类补贴将要求补贴政策更为灵活、细致。势必增加补贴政策的运行成本,这些增加的成本包括差异化农户的辨识、分类补贴、补贴绩效核查等。需要政府创新补贴管理机制。

3.3.4 核算原理的缺陷,农户对补贴的知情权下降

粮食直补按照农户拥有的土地面积进行补贴,导致许多农户只拿补贴不种粮,小小的补贴金额成为农户意愿长期持有土地经营权的重要影响因素,无法实现土地的长期流转。同样,生猪养殖圈舍补贴按照圈舍规模进行补贴也造成了圈大猪少的情况;合作社补贴按照农民组织成立合作社进行补贴,结果是只有合作社的牌子而没有合作社成员。套取补贴资金的行为屡屡发生,暴露出补贴核算原理的缺陷。

调查显示,很多小规模农户仅知道自己获得了国家的种粮补贴,但是究竟获得了多少补贴,根本搞不清楚。发放补贴的时候没有告知农户,试想,连农户都不清楚发了多少补贴或者怎么计算出来的补贴,补贴又怎么可能激发他们的生产积极性呢?这与补贴发放的分散和金额小关系很大,同期调查发现,大规模农户

对补贴政策掌握得很清楚，自己获得了多少补贴，怎么计算出来的，种粮大户了解得比一般农户清楚多了。

3.3.5 粮食主产区和粮食主销区补贴不平衡

中国的种粮直补包括中央一级与省一级的补贴。中央政府的补贴政策倾向于粮食主产区①，然而由于粮食主产区往往处于不发达地区，该省的财政实力有限，这样中央财政与省财政加在一起导致粮食主产区的农民收到的补贴远低于非粮食主产区的农民。

2004年，上海市的粮食直补是每亩60~80元，北京市是每亩50~60元，而粮食主产区的江西省的粮食直补是每亩30元，湖南省的粮食直补只有每亩11元。

另外，粮食主产区和非粮食主产区的补贴错位严重，越是粮食主产区的农户，得到的补贴数量越是不如粮食主销区的农户（见表3-9）。

表3-9 2010年全国各省农业补贴配置

地区	粮食产量（万吨）	总人口（万人）	人均产量（千克）	粮食缺口（万吨）	一般预算支出（亿元）	人均一般预算支出（元）	应获补贴（亿元）
北京	115.7	1962	58.96	-683.9	2717.32	13850.4	0.32
天津	159.7	1299	122.94	-369.8	1376.84	10596.9	0.44
河北	2975.9	7194	413.69	44.2	2820.24	3920.5	8.22
山西	1085.1	3574	303.60	-371.5	1931.36	5403.8	3.00
内蒙古	2158.2	2472	873.00	1150.7	2273.50	9196.4	5.96
辽宁	1765.4	4375	403.53	-17.5	3195.82	7304.9	4.88
吉林	2842.5	2747	1034.92	1723.1	1787.25	6507.1	7.85
黑龙江	5012.8	3833	1307.66	3450.5	2253.27	5878.0	13.85
上海	118.4	2303	51.42	-820.0	3302.89	14343.8	0.33
江苏	3235.1	7869	411.10	28.0	4914.06	6244.6	8.94

---

① 粮食主产区是指生产潜力大、商品率高、商品量大的地区。包括内蒙古、河北、黑龙江、吉林、辽宁、江西、河南、江苏、山东、湖南、湖北、安徽、四川。据原国家粮食局（现为国家粮食和物质储备局）2011年统计数据：粮食主产区的粮食产量占全国粮食总产量的75.4%，提供60%以上的商品粮，约95%的全国增产粮来自13个粮食主产区。

地区	粮食产量 （万吨）	总人口 （万人）	人均产量 （千克）	粮食缺口 （万吨）	一般预算支出 （亿元）	人均一般预算 支出（元）	应获补贴 （亿元）
浙江	770.7	5447	141.50	-1449.0	3207.88	5889.8	2.13
安徽	3080.5	5957	517.15	652.9	2587.61	4344.0	8.51
福建	661.9	3693	179.23	-843.2	1695.09	4590.0	1.83
江西	1954.7	4462	438.05	136.1	1923.26	4310.1	5.40
山东	4335.7	9588	452.20	428.2	4145.03	4323.2	11.98
河南	5437.1	9405	578.08	1604.0	3416.14	3632.1	15.02
湖北	2315.8	5728	404.30	-18.6	2501.40	4367.0	6.40
湖南	2847.5	6570	433.40	169.9	2702.48	4113.3	7.87
广东	1316.5	10441	126.09	-2938.6	5421.54	5192.6	3.64
广西	1412.3	4610	306.36	-466.4	2007.59	4354.9	3.90
海南	180.4	869	207.68	-173.6	581.34	6693.2	0.50
重庆	1156.1	2885	400.78	-19.5	1709.04	5924.6	3.19
四川	3222.9	8045	400.61	-55.7	4257.98	5292.8	8.90
贵州	1112.3	3479	319.72	-305.5	1631.48	4689.6	3.07
云南	1531.0	4602	332.71	-344.3	2285.72	4967.2	4.23
西藏	91.2	301	303.27	-31.4	551.04	18323.8	0.25
陕西	1164.9	3735	311.87	-357.4	2218.83	5940.3	3.22
甘肃	958.3	2560	374.34	-85.0	1468.58	5736.7	2.65
青海	102.0	563	181.17	-127.4	743.40	13204.2	0.28
宁夏	356.5	633	563.23	98.5	557.53	8808.3	0.99
新疆	1170.7	2185	535.76	280.2	1698.91	7775.0	3.23
总计	54647.1	134091	407.54	373	73871.42	5509.1	151.0

注：应获补贴根据 2010 年粮食直补 151 亿元，每吨粮食补贴 27.63 元计算。

资料来源：根据《中国统计年鉴》（2011）相关数据整理而得。参见杜辉，张美文，陈池波．中国新农业补贴制度的困惑与出路——六年实践的理性反思［J］．中国软科学，2010（7）：1-7.

3.3.6 补贴不能体现不同产品价值

一刀切的补贴方式对于农户不同的种植行为无法有效激励，现行农业补贴政策在某一地区设置的补贴标准对于差异化经营的农户补贴力度偏小，如除种植普通玉米、小麦外,有些农户种植的是有机粮食作物,资金投入大,田间管理成本高,需要提高补贴的数额以及增加补贴的类型,如田间技术指导、市场推广等,但是补贴无法体现这种差异,导致农户在投产时有所顾虑或者无法扩大自己的规模。

粮食补贴效益增长幅度总体呈下降趋势。从表3-10中可以看出,2004年以后,粮食种植面积的增长比例、粮食产量的增长比例以及平均亩产增长比例均大致呈下降趋势,粮食补贴对农户的激励作用变弱。

表3-10 2000~2010年我国粮食种植面积、粮食产量、平均亩产的变化情况

年份	粮食种植面积(千公顷)			粮食产量(万吨)			平均亩产(千克)	
	当年数	增长数	增长比例(%)	当年数	增长数	增长比例(%)	当年数	增长比例(%)
2000	108463			46217.5			284.0754	
2001	106080	-2383	-2.20	45263.7	-953.8	-2.06	284.4627	0.14
2002	103891	-2189	-2.06	45705.8	442.1	0.98	293.2933	3.10
2003	99410	-4481	-4.31	43069.5	-2636.3	-5.77	288.8341	-1.52
2004	101606	2196	2.21	46946.9	3877.4	9.00	308.0323	6.65
2005	104278	2672	2.63	48402.2	1455.3	3.10	309.4433	0.46
2006	104958	680	0.65	49804.2	1402	2.90	316.3437	2.23
2007	105638	680	0.65	50160.3	356.1	0.71	316.5546	0.07
2008	106793	1155	1.09	52870.9	2710.6	5.40	330.0522	4.26
2009	108986	2193	2.05	53082.1	211.2	0.40	324.7029	-1.62
2010	109876	890	0.82	54647.7	1565.6	2.95	331.572	2.12

资料来源:《中国统计年鉴》历年资料汇总。

3.3.7 惠农补贴较多,强农补贴不足

当前的农业补贴政策更多的是惠农政策,农民虽然从补贴政策中获得了一定的实惠,能够部分地减少生产成本,增加农业收入,但是由于补贴分摊到每个农户手中的数额太少,只能体现政策的惠农倾向,然而补贴政策在强农方面还有很大差距,在培养大批以农业为主业进行生产工作的农户方面存在不足,一方面和补贴的资金投入有关,另一方面和补贴目标的取向存在很大关系,补贴注重了农

户短期利益的获得，没有对农户的长期发展问题进行良好规划，所以补贴政策的长效机制匮乏。

2010～2012年农业部连续三年发布强农惠农政策，紧紧围绕当前的三农形势开展工作，体现了国家对农业农村农民问题的重视程度。但是比较分析这些政策的实际运用情况发现，广大农户能够感受到的还是各种惠农小额补贴居多，真正体现强农政策的兴修水利、改造农田、大规模培训农民的各项措施尚未普及，能够帮助农户从根本上改变生产经营结构的支持力度太小。有学者据此分析，现行的农业补贴政策具有一定的诱惑性，农户在补贴政策的引导下只是注重短期利益，没有按照长期收益来优化自己的农业资源，农户产业结构调整工作没有得到实行。

4 补贴政策对不同农户经营行为影响的实证分析

国家实行农业补贴政策的主要目的之一，是对种粮农户的经营行为施加积极影响，希望通过不断加强对农户的种粮补贴，引导农户将更多的时间、更多的生产资金以及耕地用于粮食生产。但自农业补贴政策实施以来，社会各界和众多学者对政策效果持有很大的争议。曹芳、李岳云（2005），陈薇（2006），韩喜平、茑荔（2007），张红玉、赵俊兰（2008），段云飞（2009），田建民、孟俊杰（2010）等学者普遍认为粮食补贴政策提高了农户农业生产的积极性，对粮食产量增加和农民收入提高具有正向影响。与此相争的观点是农业补贴的额度太小，不足以调动农户农业生产的积极性，更谈不上提高农民收入和增加农户的粮食产量，持这种观点的学者有梁世夫（2005），李鹏、谭向勇（2006），马文杰、冯中朝（2007），史清华、卓建伟（2005），张建杰（2007），蒋和平、吴桢培（2009），王姣、肖海峰（2006）。国外的学者（Hennessy D. A.，1998；Dewbre J.，Anton J.，Thompson W.，2001；Burfisher M. E.，Hopkins J.，2003；Gohin A.，Moschini G.，2006）通过研究与生产面积和产量脱钩的农业补贴发现，补贴很难实现理论分析的粮食产量增长和农户家庭收入增加。

本章利用对山东省部分地区的粮食种植户的田野调查，实证分析农业补贴政策对纯农户、一兼农户、二兼农户、非农户四个样本各自的生产经营行为影响的显著性。同时进行不同类型之间的横向比较。

4.1 补贴政策对不同农户农业劳动时间投入影响的实证分析

4.1.1 基于农户农业劳动时间影响的目标函数

农户家庭成员的总劳动时间是固定的，所有成员的劳动时间在农业生产和非农业生产中分配。

家庭总收入等于农业纯收入、非农业收入以及补贴收入：

$$R = PQ + wT_g + S - C \qquad (4-1)$$

约束条件：

$$Q = f(T_n) \qquad (4-2)$$

$$T_g + T_n = T \qquad (4-3)$$

其中，R 表示家庭总收入；P 表示农产品价格；Q 表示农作物的总产量；w 表示务工的日均工资水平；T_g 表示打工劳动时间；T_n 表示农业劳动时间；S 表示获得的农业补贴；C 是农业生产的总成本；T 表示全年的总劳动时间。将农户家庭的农业劳动时间和非农业劳动时间分别对补贴求一阶导数：

$$\frac{\partial T_n}{\partial S} = \left(p\frac{\partial f}{\partial s} + 1 \right) \Big/ w > 0, \quad \frac{\partial T_g}{\partial S} = -\frac{1}{w} < 0 \qquad (4-4)$$

说明，补贴政策与农户农业劳动时间正向变化，与非农业劳动时间反向变化。

4.1.2 不同类型农业劳动时间的可能差异比较

由于农业生产的机械化程度高，播种和收获阶段的时间基本相同。粮食作物的亩均劳动时间差异更多的是体现在农业生产过程中的时间投入，这个阶段投入的时间多，对粮食产量的贡献就大。由于纯农户外出打工时间短，主要时间用在农业生产中，可能会更加重视农作物的田间管理，补贴发生变动之后，首先纯农户的响应程度可能最高；其次是一兼农户；最后才是二兼农户和非农户，因为这两类农户可能不会因为补贴政策变动，增加时间投入在作物的生长期内。

因此，四种类型的农户受到农业补贴政策影响的显著性可能是对纯农户影响最显著，对其他类型的农户影响不显著。

4.1.3　变量选择说明与实证模型构建

对种粮农户进行补贴，并且补贴力度呈逐年加大的趋势，目的是调动农户生产积极性。理性的农户在政策引导下，对农业劳动时间和非农业劳动时间进行合理分配，以实现自身家庭收益的最大化。农户在分配劳动时间时主要会考虑国家的补贴扶持政策、农户户主特征、家庭特征、市场状况等因素。根据已有研究文献（朱启荣，2005；钟甫宁等，2008；吴芳卫等，2009；刘克春，2010；吴连翠，2011；程娟，2011；乔翠霞，2012）对农户农业生产决策行为影响因素的研究，结合我们在山东省各地区进行的调查情况，本书选择以下变量作为解释农户农业劳动时间变化的变量。

4.1.3.1　农业补贴政策变量

本书选择的农业补贴政策变量是指种粮农户获得的种粮直补、粮食增支综合补贴、良种补贴三项之和。调查中通过询问 2011 年获得的农业补贴金额和 2012 年获得的农业补贴金额分析补贴政策可能会对农户农业劳动时间投入产生的影响。一般而言，补贴额度增加越快，对农户的激励作用越大，农户花在农业生产上的时间将会越多，我们预期补贴额度的变动对农户农业劳动时间有正向影响。需要特别注意的是，对于只种植一季粮食作物的地区，尤其是只种植玉米的地区，农户获得补贴数额会比较少，这是因为种粮直补和粮食增支综合补贴两项政策都与小麦的种植面积挂钩，种植玉米的农户只能获得每亩 10 元钱的玉米良种补贴。

4.1.3.2　农户户主特征变量

本书认为农户户主作为家庭农业生产决策的主要制定者，其个人特征对家庭农业劳动时间的变化将会产生重要影响。在此，我们重点关注了户主的年龄、文化程度、健康状况、从事非农业生产的劳动技能等几个方面。

农户户主的年龄越小，从事非农业劳动的积极性越高，离农思想越严重，对农业劳动时间投入有负向影响。

文化程度越高的户主，接受和学习新知识的能力越强，可供选择的就业机会越多，对农业劳动时间投入越少。

健康状况越好的户主越倾向于农外就业，以便获得更多的家庭收入。

而拥有非农业劳动技能或者有一技之长的农户户主，在农业劳动时间的分配上越少，会将更多的时间投入在自己擅长的领域。

4.1.3.3　家庭特征变量

家庭特征变量对农户从事农业劳动时间有着重要的影响，为了更充分地利用劳动力资源，农户家庭可以从事农业生产的劳动力数量越多，越倾向于承包更多面积的耕地，从而在土地上投入的总劳动时间越多；家庭非农业劳动人口的数量也在一定程度上影响着农户对农业劳动时间的投入，非农业劳动人口越多，在农业生产中投入的时间越少；家庭非农业劳动收入的变动对农户农业劳动时间的投入有负向影响，家庭非农业劳动收入越多的农户在农业劳动过程中的时间投入越少。家庭对粮食生产的依赖程度越高的农户在农业劳动时间的投入上越多。

4.1.3.4　市场状况变量

粮食价格的变化、经济作物价格的变化、非农业劳动机会的多少以及当地机械化水平的高低等因素组成的粮食生产的市场状况同样对农户农业劳动时间的投入产生影响。

粮食作物平均价格增长，农户会花更多的时间从事粮食作物的生产，而经济作物的价格涨幅越大，农户会减少粮食作物的劳动时间投入，转而花更多的时间从事经济作物的种植与管理。

当地非农业劳动机会越多，农户越倾向于参加非农业劳动，而机械化水平的提高会减少农户的劳动时间投入。

农户家庭农业劳动时间受到的各种影响因素汇总见表4-1。

表4-1　农户家庭农业劳动时间变动模型变量的解释说明

变量名称	一级指标	二级指标	指标解释	先验判断
因变量		T = 2012 年农业劳动时间/2011 年农业劳动时间		
自变量	补贴政策	补贴收入变动	2012 年的补贴/2011 年的补贴	正向
	农户户主特征	年龄	周岁	
		文化程度	1 = 小学及以下；2 = 初中；3 = 高中或中专；4 = 大专及以上	
		健康状况	1 = 良好，2 = 差	
		非农技能	1 = 具有，2 = 不具有	负向

续表

变量名称	一级指标	二级指标	指标解释	先验判断
自变量	家庭特征	家庭劳动力数量	人口数	
		家庭抚养系数	非劳动人口占总人口数	
		非农业劳动人口比例		
		非农业收入变动	2012 年/2011 年（分别用"当年非农收入/当年家庭总收入"来表示分子和分母）	负向
		粮食种植面积变动	2012 年的粮食种植面积/2011 年的粮食种植面积	
		家庭对粮食生产的依赖程度	1 = 根本不依赖；2 = 不大依赖；3 = 一般；4 = 比较依赖；5 = 很依赖	正向
	市场状况	粮食作物平均价格变动	2012 年的平均价格/2011 年的平均价格	正向
		经济作物价格变动	2012 年的平均价格/2011 年的平均价格	负向
		非农就业机会	1 = 很容易；2 = 比较容易；3 = 一般；4 = 比较困难；5 = 很困难	负向
		当地机械化水平	1 = 低（人力或畜力为主）；2 = 中等（人力机械各占一半）；3 = 高（机械为主）	

注：①家庭总收入 = 农业收入 + 非农业收入 = 粮食收入 + 经济作物收入 + 非农业收入；②粮食平均价格 = 粮食作物的总收入/粮食作物的总产量；③经济作物平均价格 = 年度内经济作物的总收入/经济作物的总产量；④粮食种植面积变动对农户农业劳动时间变动、农户农业生产资料投入变动有影响。

农业补贴政策对农户农业劳动时间分配影响的实证模型构建如下：

$$\ln T_i = b + a_1 \ln X_1 + a_2 \ln X_2 + a_3 \ln X_3 + a_4 \ln X_4 + a_5 \ln X_5 + a_6 \ln X_6 + a_7 X_7 + a_8 X_8 +$$
$$a_9 \ln X_9 + a_{10} \ln X_{10} + a_{11} \ln X_{11} + a_{12} \ln X_{12} + a_{13} \ln X_{13} + a_{14} \ln X_{14} + a_{15} \ln X_{15} + u$$

（4 - 5）

其中，T_i 作为被解释变量，表示农户 2012 年在农业生产中的时间投入与 2011 年农业生产时间投入的变动情况，即 T_i = 2012 农业劳动时间/2011 年农业劳动时间。X_1 表示补贴收入变动，用 2012 年的补贴总额（或亩均补贴额）比 2011 年的补贴总额（或亩均补贴额）；X_2 表示年龄；X_3 表示户主文化水平，分为小学及小学以下、初中文化、高中或中专文化、大专及大专以上；X_4 表示户主健康状况，良好或者差；X_5 表示农户户主掌握的非农技能；X_6 表示家庭劳动力数量；X_7 表示家庭抚养系数，即家庭中 65 岁以上的老人和 18 岁以下的未成年人的总和与家庭总人口的比值，对于调查对象是 65 岁以上的老龄农户，本书是将其作为家庭劳动力对待，抚养系数等于 1；X_8 表示非农业劳动人口比例；X_9 表示非农业收入变动；X_{10} 表示粮食种植面积变动；X_{11} 表示家庭对粮食生产的依赖程度；X_{12} 表示粮食作物平均价格变动；X_{13} 表示经济作物价格变动，由于调查地区主要是对小麦和玉米两种粮食作物进行补贴，花生、棉花（除滨州沾化外）在很多调查地区的种植面积较小，没有获得相应补贴，将其作为经济作物处理，即使这样，本书调查的农户中也只有一部分经营经济作物，做整体分析时数据缺失较为严重，因此经济作物价格变动没有进入模型进行分析；X_{14} 表示非农就业机会；X_{15} 表示当地机械化水平。b、a_i 为待估参数，u 为随机扰动项。

4.1.4 数据来源说明

本书所用到的数据来自笔者于 2012 年底和 2013 年初在山东省内组织的抽样调查。根据人均 GDP 值对山东省的 17 个地市排序，按照高、中、低分成三类地区，结合调查的可实施性，选择了 11 个地级市的部分农村地区进行调查。总共得到纯农户样本 56 户，一兼农户样本 54 户，二兼农户样本 72 户，非农户样本 93 户。表 4 - 2 为调查到的纯农户、一兼农户、二兼农户与非农户各个特征变量的均值以及标准差。

表 4 - 2 不同农户各特征变量值比较

特征变量	样本总体		纯农户		一兼农户		二兼农户		非农户	
	均值	标准差	均值	标准差	均值	标准差	均值	标准差	均值	标准差
户主年龄（岁）	48.16	10.341	47.54	10.33	49.37	11.102	49.27	8.834	46.96	10.965
文化程度	1.77	0.739	1.75	0.662	1.80	0.762	1.67	0.688	1.85	0.807
健康状况	1.05	0.212	1.05	0.225	1.04	0.191	1.07	0.254	1.03	0.178
政治面貌	1.11	0.327	1.05	0.225	1.09	0.293	1.15	0.397	1.13	0.337
非农劳动技能	1.60	0.491	1.6	0.495	1.74	0.442	1.62	0.490	1.51	0.503
抚养系数	0.259	0.2146	0.247	0.176	0.25	0.212	0.201	0.193	0.258	0.1857
家庭人口数（人）	4.02	1.302	4.25	1.64	3.74	1.277	3.95	1.053	4.11	1.246
2011 年耕地面积（亩）	12.24	19.914	21.07	28.386	18.28	30.697	8.627	4.649	6.17	4.714
种植结构变动	1.08	1.45	0.96	0.266	0.07	0.459	0.99	0.074	1.00	0.059

资料来源：根据调查资料整理。

调查样本中，纯农户的年龄均值在47.54岁，文化程度为1.75，根据问卷设计中设计的指标情况，纯农户的平均文化程度介于小学文化程度和初中毕业水平之间，数字越接近2，说明农户的文化程度越接近初中毕业水平。纯农户掌握的非农业劳动技能的均值为1.6，家庭抚养系数是0.247，低于样本总体的均值。一兼农户的平均年龄为49.37岁，文化程度为1.80，比纯农户均值要高，非农业劳动技能的掌握情况整体要好于纯农户。二兼农户的年龄均值为49.27岁，文化程度的均值为1.67，是调查样本中文化程度均值最低的一组，但是二兼农户户主的健康状况要优于其他类型的农户。

4.1.5　实证结果分析与比较

将纯农户、一兼农户、二兼农户、非农户的数据依次代入模型（4－5），可以看出不同类型的农户农业劳动时间变动受到上述各自变量影响的情况。

4.1.5.1　纯农户农业劳动时间变动受农业补贴政策影响的实证分析

本书使用了Minitab15软件对调查到的纯农户数据进行了回归分析。表4－3是利用逐步回归法筛选显著性变量的回归结果。

表4－3　纯农户农业劳动时间变动受农业补贴政策影响的实证分析结果

回归方程为 $T = -0.0369 + 0.0811X3 + 0.176X4 + 0.0783X8 + 0.0420X1$				
自变量	系数	系数标准误	T	P
常量	-0.03695	0.02806	-1.32	0.194
文化程度	0.08113 **	0.04039	2.01	0.050
健康状况	0.17637 *	0.09915	1.78	0.081
非农业劳动人口比例	0.07834	0.07352	1.07	0.292
补贴变动	0.04198	0.05780	0.73	0.471
S = 0.110251　R－Sq = 12.3%　R－Sq（调整）= 5.6%				

注：＊、＊＊分别表示10%和5%的显著性水平。

根据模型实证结果可以看出：补贴变动 X_1 对纯农户样本的农户农业劳动时间变动影响不显著，农户户主的文化程度变量 X_3 通过5%的显著性水平检验，户

主健康状况变量 X_4 通过 10% 的显著性水平检验。说明纯农户农业时间投入的多少更多的是户主文化程度以及户主健康状况的影响。

纯农户的样本构成情况是最复杂的。调查样本中的纯农户可以分成以下不同的几类情况：

一是年龄较大，失去务工机会的农户。这类农户的年收入较少，且主要依靠粮食作物的产出维持生计，粮食生产积极性高，但在当前农村属于较为困难的农户。由于年龄较大，家中又缺乏壮劳动力，往往耕地面积较小，种植作物以小麦、玉米居多。

二是务农为主，但主要经营项目是以大棚蔬菜、果树种植、花卉栽培、牲畜家禽饲养为主的农户。这类农户将主要时间放在非粮食作物的生产和管理上，具有农业生产的一技之长，粮食作物的生产对于农户家庭收入的作用不大，属于家庭收入的补充。据我们对聊城、东营、滨州、青岛、菏泽、济宁、潍坊等地部分蔬菜、果树种植户的实地走访发现，该类农户将主要劳动时间和耕地用来从事经济收益更高的产业，粮食作物的种植面积很少。在青岛胶州胶北镇越来越多的传统粮食种植区在向蔬菜大棚种植区转化，调查中笔者看到了连片经营的蔬菜大棚以及正在为种植蔬菜做准备的各种前期投资活动；平度李园街道的农户更是以苹果、大姜、芹菜的生产为主；在潍坊昌乐常年栽种西瓜的农户只在西瓜地里间或播种粮食作物；东营广饶的部分蒜农为了提高土地的收入，在秋季大面积种植大蒜，收获大蒜之后种一茬玉米，形成大蒜、玉米循环复种的模式；而聊城东昌府区常年以蔬菜种植为主的农户，占到我们在该地区调查样本的 70%，粮食种植成为了点缀①。

三是种粮大户，种粮大户是当前我们提倡的一种经营模式，但是种粮大户在山东地区的发展规模不是很大，速度也不是很快，原因在于小规模农户的惜地情节加重，加上农业劳动强度降低、劳动时间缩短，土地流转之后，小规模农户反映闲暇时间不能得到充分利用，种地对小规模经营户是利用时间的好机会。种粮大户的规模通常在 50 亩以上，但是前面分析过由于农业生产的季节性特征十分明显，很多种粮大户往往是家庭兼业型农户，家庭成员内部的分工十分明确。种

---

① 据调查员在潍坊寿光、聊城等大棚蔬菜种植区的调查发现，农户种植粮食作物使用的耕地很多是建设大棚用地的剩余耕地，难以形成规模，零星分散，管理水平下降，产量比大田种植的粮食作物产量低许多。

粮大户在得到扶持的同时也应该受到较好的监督,保证粮地粮用,防止耕地用途转换,同时防止补贴资金或者是依托补贴政策提供的低息贷款被挪用。

以上三种类型的纯农户在农业经营上的收入来源有差异,但总体而言是农业劳动时间投入较多的群体,一兼农户、二兼农户的劳动时间要稍微少一些,而非农户由于经营态度和实际经营面积的限制,农业劳动时间最少。

由于农业机械化水平的不断提高以及农业生产技术的改进,加上农户农外兼业的收益高于从事农业生产的收入,更多的农户希望缩短农业劳动时间来更多地从事非农业生产,进而获得较多的经济收入,农户倾向于使用机械完成农业生产过程,即使是离不开人工作业的环节,兼业农户习惯利用务工的间隙完成农业生产,笔者在调查中发现不少农户是利用清晨、傍晚、双休日来从事农业生产,中间的田间管理环节也在减少,主要依靠农业技术进步,使用高效农药、化肥、优质种子来保证产量,因此在现有补贴额度水平下,补贴变动难以引起农户对农业劳动时间的延长来获取更多农业收入是完全解释得通的。

文化水平较高的纯农户会选择比较收益更高的作物种植,往往经营的是一些经济作物,本身需要投入较多的时间进行经营管理,在农业生产的过程中责任心较强,熟悉农业生产的各个环节,投入在农业生产中的时间较多。调查中观察到的大棚蔬菜种植户、果树种植户几乎全年都是在农业领域就业,这些农户本身就是掌握农村社会里一定农业生产技能且知识水平较高的农户。

纯农户户主的健康状况越好,同样的生产环境下会减少部分机械的使用,参与的农业生产活动就会越多,增加农业劳动的时间。而且健康状况良好的纯农户肯定不会单纯种植小面积的粮食作物,会更倾向于经营时间投入较多的经济作物,将自己的时间成本转化成经济效益。

粮食价格的变动情况、家庭对粮食作物的依赖程度这两个变量并没有进入回归方程,原因在于农产品价格变动的幅度不大,而且价格基数较小,很难激发农户延长农业生产时间的决策。很多种植经济作物的纯农户,像滨州沾化地区的棉农和果农、潍坊寿光地区的菜农粮食种植面积很小,粮食产量较低,主要时间和精力投在利润较高的蔬菜、棉花、果树经营上,对粮食作物的依赖程度不高。

4.1.5.2 一兼农户农业劳动时间变动受农业补贴政策影响的实证分析

本书使用了 Minitab15 软件对调查到的一兼农户数据进行了回归分析。表4 - 4是利用逐步回归法筛选显著性变量的回归结果。

表4-4　一兼农户农业劳动时间变动受农业补贴政策影响的实证分析结果

回归方程为 $T = -0.190 + 0.0679X1 + 0.0738X2 - 0.199X4 + 0.0699X6 - 0.0742X14 - 0.0583X15$

自变量	系数	系数标准误	T	P
常量	-0.1903	0.2417	-0.79	0.435
补贴变动	0.06790	0.08151	0.83	0.409
年龄	0.07376	0.06571	1.12	0.267
健康状况	-0.19855***	0.09892	-2.01	0.050
家庭劳动力数量	0.06990**	0.03658	1.91	0.062
非农就业机会	-0.07420*	0.04689	-1.58	0.120
当地农业机械化水平	-0.05825*	0.03664	-1.59	0.119

S = 0.0912560　R - Sq = 21.0%　R - Sq（调整）= 11.0%

注：*、**、***分别表示15%、10%和5%的显著性水平。

根据模型（4-5）实证结果可以看出：

补贴变动变量 X_1 对一兼农户样本的农户农业劳动时间变动影响不显著。

户主健康状况变量 X_4 通过5%的显著性水平检验，而且是负向的，说明一兼农户户主健康状况越好，用于农业生产的时间越短，会选择收益更高的其他行业就业。

家庭劳动力数量变量 X_6 通过10%的显著性水平检验，说明一兼农户家庭的劳动力数量越多，从事农业生产的劳动时间就越长。这与一兼农户家庭成员在当地获得的非农业就业机会较少可能有很大的关系，因为从非农业就业机会对一兼农户的农业劳动时间影响来看，一兼农户希望获得更多的非农业就业机会，如果回归分析中家庭劳动力的数量变量影响为负向显著或者影响不显著，均能够推断一兼农户的家庭成员在农业生产外有着较好的就业机会。

非农就业机会变量 X_{14}、当地农业机械化水平变量 X_{15} 通过15%的显著性水平检验，但是显著性影响变量的系数为负，说明非农就业机会越多、当地农业机械化水平越高，一兼农户从事农业生产的劳动时间就越短，会将更多的劳动时间用于非农业领域。

一兼农户家庭收入的主要来源是农业收入，较小部分来自家庭成员的农外兼业。该类农户要想实现农业的稳定收入，同时又有时间外出务工，农业生产会倾向于以粮食种植为主，操作简单，费时少，可以节约农户的农业劳动时间。回归中三个显著性影响因素的符号为负，说明一兼农户有着较为强烈的离农倾向。

4.1.5.3 二兼农户农业劳动时间变动受农业补贴政策影响的实证分析。

本书使用了Minitab15软件对调查到的二兼农户数据进行了回归分析。表4-5是利用逐步回归法筛选显著性变量的回归结果。

表4-5 二兼农户农业劳动时间变动受农业补贴政策影响的实证分析结果

回归方程为$T = 0.305 + 0.103X1 - 0.0887X2 - 0.0933X4 - 0.0450X5 + 0.0616X14$				
自变量	系数	系数标准误	T	P
常量	0.3055	0.3114	0.98	0.330
补贴变动	0.10301	0.08538	1.21	0.232
户主年龄	-0.08872	0.08465	-1.05	0.298
户主健康状况	-0.09328	0.08040	-1.16	0.250
户主掌握的非农劳动技能	-0.04498	0.04214	-1.07	0.290
非农就业机会	0.06164*	0.03425	1.80	0.076
$S = 0.112460$　　$R - Sq = 9.6\%$　　$R - Sq$（调整）$= 2.8\%$				

注：*表示10%的显著性水平。

根据模型（4-5）实证结果可以看出：

补贴变动X_1对二兼农户样本的农户农业劳动时间变动影响不显著，二兼农户的家庭收入主要依靠非农业领域，农业收入占家庭收入的比例不超过50%，亩均百元的农业补贴只占农户家庭总收入的很小一部分，假设二兼农户种植10亩粮食作物，2012年的补贴总额是1210元，按照二兼农户家庭总收入3万元计算，农业补贴占到的比重仅为4%，根本不足以影响农户的时间分配决策。

非农就业机会变量X_{14}通过10%的显著性水平检验，对农业劳动时间的影响为正向的。解释如下：二兼农户是以非农业收入为主要家庭收入的农户，由于把大部分时间放在非农业活动中，占用农业劳动时间最少的农业经营方式是种植粮食。由于样本选取的二兼农户主要是本地兼业农户，当地的非农就业机会越多，农户家庭的劳动力选择当地就业的可能性就越大，利用工厂上班之外的时间从事农业生产成为很多农户的首选，比较倾向于边打工边种田，因此当地的非农就业机会越多，二兼农户的农业劳动时间越长。这与笔者在胶州市马店镇的调查情况基本一致，很多二兼农户不愿意放弃土地经营，给出的理由是工厂下班之后可以到地里干点农活,如果土地流转出去,农户表示"我们就没事情做了,整天打牌也不是个事儿"。如果样本选取的是异地兼业的二兼农户,农业劳动时间有可能是缩短的。

表4-6统计了275户被调查农户中选择种田、边打工边种田以及完全从事非农业的户数情况,无论是纯农户、一兼农户,还是二兼农户、非农户都是选择边打工边种田的农户占多数,均超过了50%,其中非农户和二兼农户的情况更为突出,分别有68%的二兼农户和80%的非农户倾向于边打工边种田。因此,当地非农机会增加以后,更多的农户会加强兼业,逐渐从纯农户、一兼农户向二兼农户转化,但是二兼农户依然会耕种自己的土地,将土地收入作为家庭收入的重要补充。

表4-6 不同类型农户就业倾向统计   单位:户,%

选项	种田	边打工边种田	完全从事非农业	农户合计
纯农户	23 (41)	28 (50)	5 (9)	56
一兼农户	17 (31)	32 (59)	5 (9)	54
二兼农户	20 (28)	49 (68)	3 (4)	72
非农户	15 (16)	74 (80)	4 (4)	93
合计	75 (27)	183 (67)	17 (6)	275

注:括号内的数字表示比例情况。

资料来源:根据调查内容统计。

其他一些影响因素,像粮食价格的变动、家庭对粮食的依赖程度没有进入回归方程,可能的原因是,二兼农户对粮食作物的价格不敏感,因为主要收入来源不依靠农业,粮价变化对农户家庭的增收影响不大,所以二兼农户的农业生产注重的是粮食产出稳定,在满足家庭口粮需求之后,将剩余粮食出售,耕地的经营方式单一。

另外,需要注意的是对二兼农户而言,户主的年龄、健康状况以及掌握的非农劳动技能情况对农业劳动时间的影响为负,即二兼农户的年龄越大,从事农业劳动的时间越短,这可能与二兼农户在农外就业的收入稳定有很大关系;而健康状况越好的二兼农户越是倾向于缩短农业劳动时间,寻找更多的非农就业机会;掌握的非农劳动技能越多的二兼农户越倾向于缩短农业劳动时间。

4.1.5.4　非农户农业劳动时间变动受农业补贴政策影响的实证分析

本书使用了 Minitab15 软件对调查到的非农户数据进行了回归分析。表 4 – 7 是利用逐步回归法筛选显著性变量的回归结果。

表 4 – 7　非农户农业劳动时间变动受农业补贴政策影响的实证分析结果

回归方程为 T = – 0. 148 – 0. 0721X1 + 0. 0623X2 – 0. 150X4 + 0. 260X10 + 0. 0689X8 – 0. 0759X14

自变量	系数	系数标准误	T	P
常量	– 0. 1484	0. 1891	– 0. 78	0. 435
补贴变动	– 0. 07209	0. 06946	– 1. 04	0. 302
年龄	0. 06230	0. 05103	1. 22	0. 225
健康状况	– 0. 1497 *	0. 1025	– 1. 46	0. 148
粮食种植面积变动	0. 2601	0. 2369	1. 10	0. 275
非农业劳动人口比例	0. 06893	0. 05067	1. 36	0. 177
非农就业机会	– 0. 07591 **	0. 03089	– 2. 46	0. 016
S = 0. 114735　R – Sq = 11. 0%　R – Sq（调整）= 4. 7%				

注: * 、 ** 分别表示15% 和5% 的显著性水平。

补贴变动 X_1 对非农户样本的农户农业劳动时间变动影响不显著。

非农就业机会变量 X_{14} 通过 5% 的显著性水平检验，非农户把有效劳动时间大部分用于非农业就业领域，农业生产也是以粮食种植为主。但与分析二兼农户的情况不同，非农户非农就业机会变量对农业劳动时间的影响是负向显著，表明非农户如果获得了稳定的就业机会就会大幅缩短农业劳动时间，有可能放弃对土地的经营。

根据模型（4 – 5）实证结果可以看出:

X_4 通过 15% 的显著性水平检验，但是对非农户的农业劳动时间也是负向影响，这说明越是身体健康状况良好的非农户户主越是对非农就业充满信心，越是会缩短农业劳动时间，甚至会将土地流转。

4.1.5.5　补贴变动对各类农户农业劳动时间变动影响程度的比较分析

将包括补贴政策变动在内的各种影响农户农业劳动时间变动的因素按照不同类型的情况进行汇总，可以得到如表 4 – 8 所示的统计资料。

表 4 - 8　补贴变动对各类农户农业劳动时间变动影响程度的比较

变量显著性情况		纯农户	一兼农户	二兼农户	非农户
补贴变动 X_1		不显著	不显著	不显著	不显著
其他变量 影响情况	5%	X_3	$-X_4$		$-X_{14}$
	10%	X_4	X_6	X_{14}	
	15%		$-X_{14}$、$-X_{15}$		$-X_4$

注：变量前面的"－"表示该变量的影响方向。

资料来源：根据回归分析结果整理。

从表 4 - 8 的统计结果可以看出，农业补贴政策对各类农户农业劳动时间变动的影响均不显著，说明目前的补贴水平以及补贴额度的增加值不会引起农户改变劳动时间分配的决策，与本节提出的基本假设不一致。

农户农业劳动时间的长短受其他一些因素的影响更显著，如当地的非农就业机会、农业机械化水平等外在因素以及农户户主健康状况、家庭劳动力数量等内在的因素。非农就业机会变量 X_{14} 对一兼农户、二兼农户、非农户的农业劳动时间变动均有影响，但是影响的显著性水平和影响的方向不同，健康状况变量 X_4 对纯农户、一兼农户、非农户的农业劳动时间变动有显著影响，这种影响的方向与农户的收入结构又有着极密切的联系。

联系到当前的补贴政策，受到政府财力的约束，短期之内不可能大幅度提高对农户的补贴额度，不能依靠通过直接发放补贴的方式增加农户的农业劳动时间，但完全可以通过改变其他影响因素来达到政府的政策目标。

针对纯农户，可以通过增加对纯农户农业生产技能的培训力度，使纯农户掌握更多的农业生产技能，既可以增加农户家庭收入，又可以保证农业生产主体的稳定。还可以改善其生产经营条件，进而提高其知识水平，使纯农户对农业生产更有信心。

对于一兼农户要进行适当引导，千方百计提高农业收入在一兼农户家庭中的收入比例，帮助农户实现增收。

为二兼农户提供更多的当地就业的机会，减少农户的异地兼业行为，从而为希望获得较多非农业收入的二兼农户留足参加农业生产的时间，这些非农业就业机会的创造可以依托农业补贴资金对农业产业化的扶持获取。

对于非农户，其农业劳动时间受到当地非农业就业机会的负向影响显著，建议为非农户创设更好的非农就业条件，实现非农户的稳定就业，同时制定合理的土地流转机制，实现对非农户耕地资源的高效利用。

4.2 补贴政策对不同农户农业资金
投入影响的实证分析

农业补贴政策实施以来，对农户的支持力度在逐渐加大，农户在农业生产中的资金投入有没有受到农业补贴政策的影响？是不是在政府补贴政策的引导下不断加大了对农业生产的资金投入？本节将对这一问题展开讨论。首先是分析补贴政策对调查样本总体的资金投入影响分析，其次是按照纯农户、一兼农户、二兼农户、非农户四种类型分别考察，试图比较不同的自变量对农户的影响程度大小。

4.2.1 基于农户农业生产投入影响的目标函数

假设农户家庭的总收入包括种植粮食作物的收入和其他投资收入。为了简化计算，同时假设粮食作物的产量只受投入资金的影响，其他投资收入也只受投入资金影响。农户投资行为的总收入为：

$$R = P_j Q_j(F_j) + R_2(F_2) \qquad (4-6)$$

约束条件：

$$F_j + F_2 \leqslant F \qquad (4-7)$$

其中，R 表示农户家庭总收入；P_j 表示粮食作物的平均价格；Q_j 表示粮食作物的总产量，Q_j 与粮食作物的投资 F_j 有关；R_2 表示除粮食生产外的其他收入；R_2 只与资金投入 F_2 有关；F 表示农户家庭的总投资。

$\max R$ 应该满足：

$$P_j \partial Q_j / \partial F_j = \partial R_2 / \partial F_2 \qquad (4-8)$$

其中，$P_j \partial Q_j / \partial F_j$ 表示粮食作物的资本投资边际收益；$\partial R_2 / \partial F_2$ 表示其他投资行为的资本投资边际收益。

由于样本调查地点是山东省内，该地区按照农户家庭种植粮食作物的实际面积发放补贴。粮食的种植面积越大，农户家庭获得的补贴收入就会越多，在其他条件不变的情况下，补贴等同于增加了种植粮食作物的边际收益，农户会增加粮食作物的投资，减少其他领域的投资，直到新的平衡出现，即粮食作物的边际收益再次和其他经营项目的边际收益相等。由此可以看出，补贴政策的变动能够刺激农户将资金投入到粮食生产中。

4.2.2 不同农户农业生产资金投入的差异分析

从农户本身对农业生产资金使用的数量和投向来看，纯农户的农业生产资金数量应该最多，一兼农户、二兼农户、非农户随着农业生产项目经营方式的粗放和占有耕地资源数量的差异，农业生产资金的总使用量呈减少趋势，即资金使用量纯农户 > 一兼农户 > 二兼农户 > 非农户。

兼业农户和非农户粮食种植面积占耕地面积的比例高，纯农户粮食种植面积占家庭耕地面积的比例低，补贴政策变化以后，对各类农户在农业生产中投入的资金数量变化的可能影响情况是对兼业农户和非农户影响显著，对纯农户影响不显著。

4.2.3 变量选择说明与实证模型构建

根据以往的研究文献（屈艳芳、郭敏，2002；陈铭恩、温思美，2004；秦富，2005；刘荣茂、马林靖，2006；程娟，2011；吴连翠，2011；乔翠霞，2012）对农户投资行为的研究以及实地调查情况，本书选择补贴政策、农户户主特征、家庭特征、市场状况等变量来解释农户农业投资行为，重点考察农业补贴政策对农户农业投资行为的影响（见表4-9）。

4.2.3.1 农业补贴政策变量

农业补贴政策变量是研究的重点，补贴额度变动可能会影响农户农业生产资金的同向变动，但究竟对哪一类调查的样本影响显著需要观察回归结果。

4.2.3.2 农户户主特征变量

农户户主是家庭农业生产的主要决策者，农业资金投入的多少无疑受到农户户主个人特征的影响。文化程度高的农户倾向于选择优质的良种、健康状况良好的农户抵御农业自然灾害风险的能力较强，从而这类农户会加大农业生产中的资金投入，而掌握农外就业技能的农户可能在农业生产中资金投入较少，农业生产表现出一定的消极因素，农业生产副业化，以满足自己家庭使用为主。

4.2.3.3 农户家庭特征

农户家庭的农业劳动力数量越多对农业生产的资金投入呈正向影响，非农业劳动人口越多对农业资金投入的负向影响越大。

4.2.3.4　市场状况

粮食价格上涨对种粮农户是一个利好消息，农户会主动加大资金投入，争取多产粮，产好粮，体现在成本方面则是选用价高质优的良种、增加田间管理，浇水、施肥作业成本增加。而经济作物的价格涨幅过快过大对种粮农户的粮地投资行为带有负向作用。

另外，机械化水平越高的地区农户对农业生产的资金投入越多地体现为对机械的依赖，调查过程中也确实发现很多地区的农户基本上实现了从种到收以及销售的全程机械化。这样势必增加农业生产的资金成本，但可能会对粮食的保产保收起到积极作用，减少了种、收、晾晒的时间，农户农业生产受到自然气候影响的程度将会下降。

本书采用双对数模型对包含种粮补贴在内的影响农户农业资金投入的多种因素进行分析（见表4－9），并对农业补贴政策在其中的作用做重点考察。

表4－9　农户农业资本投入变动模型变量的解释说明

变量名称	一级指标	二级指标	指标解释	先验判断
因变量			F＝2012年农业资金投入/2011年农业资金投入	
自变量	补贴政策	补贴收入变动	2012年的补贴/2011年的补贴	正向
	农户户主特征	年龄	周岁	
		文化程度	1＝小学及以下；2＝初中；3＝高中或中专；4＝大专及以上	
		健康状况	1＝良好，2＝差	
		非农技能	1＝具有，2＝不具有	负向
	家庭特征	家庭劳动力数量	人口数	
		家庭抚养系数	非劳动人口占总人口数	
		非农业劳动人口比例		
		非农业收入变动	2012年/2011年（分别用"当年非农收入/当年家庭总收入"来表示分子和分母）	负向
		粮食种植面积变动	2012年的粮食种植面积/2011年的粮食种植面积	
		家庭对粮食生产的依赖程度	1＝根本不依赖；2＝不大依赖；3＝一般；4＝比较依赖；5＝很依赖	正向

续表

变量名称	一级指标	二级指标	指标解释	先验判断
自变量	市场状况	粮食作物平均价格变动	2012 年的平均价格/2011 年的平均价格	正向
		经济作物价格变动	2012 年的平均价格/2011 年的平均价格	负向
		非农就业机会	1 = 很容易；2 = 比较容易；3 = 一般；4 = 比较困难；5 = 很困难	负向
		当地机械化水平	1 = 低（人力或畜力为主）；2 = 中等（人力机械各占一半）；3 = 高（机械为主）	

注：①家庭总收入 = 农业收入 + 非农业收入 = 粮食收入 + 经济作物收入 + 非农业收入；②粮食平均价格 = 粮食作物的总收入/粮食作物的总产量；③经济作物平均价格 = 年度内经济作物的总收入/经济作物的总产量；④粮食种植面积变动对农户农业劳动时间变动、农户农业生产资料投入变动有影响。

农业补贴政策对农户农业资金投入的影响采用双对数实证模型构建如下：

$$\ln F_i = b + a_1 \ln X_1 + a_2 \ln X_2 + a_3 \ln X_3 + a_4 \ln X_4 + a_5 \ln X_5 + a_6 \ln X_6 + a_7 X_7 + a_8 X_8 +$$
$$a_9 \ln X_9 + a_{10} \ln X_{10} + a_{11} \ln X_{11} + a_{12} \ln X_{12} + a_{13} \ln X_{13} + a_{14} \ln X_{14} + a_{15} \ln X_{15} + u$$

$$(4-9)$$

其中，F_i 作为被解释变量，表示农户 2012 年在农业生产中的资金投入与 2011 年农业资金投入的变动情况，即 F_i = 2012 农业资金投入/2011 年农业资金投入。X_1 表示补贴收入变动，用 2012 年的补贴总额（或亩均补贴额）比 2011 年的补贴总额（或亩均补贴）；X_2 表示年龄；X_3 表示户主文化水平，分为小学及小学以下、初中文化、高中或中专文化、大专及大专以上；X_4 表示户主健康状况，良好或者差；X_5 表示农户户主掌握的非农技能；X_6 表示家庭劳动力数量；X_7 表示家庭抚养系数，即家庭中 65 岁以上的老人和 18 岁以下的未成年人的总和与家庭总人口的比值，对于调查对象是 65 岁以上的老龄农户，本书是将其作为家庭劳动力对待，抚养系数等于 1；X_8 表示非农业劳动人口比例；X_9 表示非农业收入变动；X_{10} 表示粮食种植面积变动；X_{11} 表示家庭对粮食生产的依赖程度；X_{12} 表示粮食作物平均价格变动；X_{13} 表示经济作物价格变动，由于调查地区主要是对小麦和玉米两种粮食作物进行补贴，花生、棉花（除滨州沾化外）在很多调查地区的种植面积较小，没有获得相应补贴，将其作为经济作物处理，即使这样，本书调查的农户中也只有一部分经营经济作物，做整体分析时数据缺失较为严重，因此经济作物价格变动没有进入模型进行分析；X_{14} 表示非农就业机会；X_{15} 表示当地机械化水平。b、a_i 为待估参数，u 为随机扰动项。

· 73 ·

4.2.4　数据来源说明

本书所用到的数据来自笔者于 2012 年底和 2013 年初在山东省内组织的抽样调查。根据人均 GDP 值对山东省的 17 个地市排序，按照高中低分成三类地区，结合调查的可实施性，选择了 11 个地级市的部分农村地区进行调查。总共得到纯农户样本 56 户，一兼农户样本 54 户，二兼农户样本 72 户，非农户样本 93 户。表 4 - 10 为调查到的纯农户、一兼农户、二兼农户与非农户各个特征变量的均值以及标准差。

表 4 - 10　不同农户各特征变量值比较

特征变量	样本总体		纯农户		一兼农户		二兼农户		非农户	
	均值	标准差	均值	标准差	均值	标准差	均值	标准差	均值	标准差
户主年龄（岁）	48.16	10.341	47.54	10.33	49.37	11.102	49.27	8.834	46.96	10.965
文化程度	1.77	0.739	1.75	0.662	1.80	0.762	1.67	0.688	1.85	0.807
健康状况	1.05	0.212	1.05	0.225	1.04	0.191	1.07	0.254	1.03	0.178
政治面貌	1.11	0.327	1.05	0.225	1.09	0.293	1.15	0.397	1.13	0.337
非农劳动技能	1.60	0.491	1.6	0.495	1.74	0.442	1.62	0.490	1.51	0.503
抚养系数	0.259	0.2146	0.247	0.176	0.25	0.212	0.201	0.193	0.258	0.1857
家庭人口数（人）	4.02	1.302	4.25	1.64	3.74	1.277	3.95	1.053	4.11	1.246
2011 年耕地面积（亩）	12.24	19.914	21.07	28.386	18.28	30.697	8.627	4.649	6.17	4.714
种植结构变动	1.08	1.45	0.96	0.266	0.07	0.459	0.99	0.074	1.00	0.059

注：为便于读者查看数据，表 4 - 10 与表 4 - 2 内容相同，下文中表 4 - 17、表 5 - 2、表 5 - 10 情况同上。

资料来源：根据调查资料整理。

4.2.5　实证结果分析与比较

将纯农户、一兼农户、二兼农户、非农户的数据依次代入模型（4 - 9），可以看出不同类型的农户农业资本投入受到上述各自变量影响的情况。

4.2.5.1　纯农户农业资金投入变动受农业补贴政策影响的实证分析

本书使用了 Minitab15 软件对调查到的纯农户数据进行了回归分析。表 4 - 11

是利用逐步回归法筛选显著性变量的回归结果。

表 4 - 11　纯农户农业资金投入变动受农业补贴政策影响的实证分析结果

回归方程为

$$F = 0.677 + 0.131X1 - 0.132X9 + 0.0616X6 - 0.146X2 - 0.0763X3 - 0.0573X5 - 0.109X4 - 0.0943X12$$

自变量	系数	系数标准误	T	P
常量	0.6766	0.2680	2.52	0.015
补贴变动	0.13075 **	0.05611	2.33	0.024
非农业收入占家庭收入比例的变动	- 0.13198 **	0.05022	- 2.63	0.011
家庭劳动力数量	0.06158 *	0.03375	1.82	0.074
户主年龄	- 0.14576 **	0.06883	- 2.12	0.039
户主文化程度	- 0.07628 *	0.03937	- 1.94	0.059
非农业劳动技能	- 0.05726	0.04346	- 1.32	0.194
健康状况	- 0.10865	0.08887	- 1.22	0.227
粮食作物平均价格变动	- 0.09428	0.07970	- 1.18	0.243

S = 0.0975720　R - Sq = 36.3%　R - Sq（调整）= 25.7%

注：＊、＊＊分别表示 10% 和 5% 的显著性水平。

根据模型（4-9）实证结果可以看出：

补贴变动 X_1 通过了 5% 的显著性水平检验，说明纯农户农业生产资金的变动受补贴政策的影响显著。

户主年龄变量 X_2 也通过了 5% 的显著性水平检验，但影响方向为负，说明户主年龄越大的纯农户对农业生产的资金投入越少，可能与纯农户的户主年龄增加，经营逐渐保守有关。

非农业收入占家庭收入比例的变动变量 X_9 通过 5% 的显著性水平检验，影响方向为负，说明随着家庭收入中非农业收入比例的提高，纯农户会减少农业生产资金的投入。

户主文化程度变量 X_3 通过 10% 的显著性水平检验，影响方向为负。说明户主文化程度越高，在农业生产中的资金投入变动越小，表明文化程度较高的纯农户经营资本投入相对稳定。

家庭劳动力数量变量 X_6 通过 10% 的显著性水平检验，说明家庭劳动力越多的纯农户家庭越愿意增加农业资金投入，可能与纯农户家庭的劳动力数量多，有

农户分类补贴及政策研究

足够的人手管理农业生产有关。

4.2.5.2 一兼农户农业资金投入变动受农业补贴政策影响的实证分析

本书使用了 Minitab15 软件对调查到的一兼农户数据进行了回归分析。表 4 - 12 是利用逐步回归法筛选显著性变量的回归结果。

表 4 - 12 一兼农户农业资金投入变动受农业补贴政策影响的实证分析结果

回归方程为 $F2 = 0.223 + 0.109X5 + 0.0422X10 - 0.0812X11 - 0.0839X14 + 0.042X1$

自变量	系数	系数标准误	T	P
常量	0.22260	0.07061	3.15	0.003
当地非农劳动技能	0.10862 **	0.05426	2.00	0.051
粮食种植面积变动	0.04220	0.03558	1.19	0.241
家庭对粮食生产的依赖程度	0.08121 *	0.04944	1.64	0.107
当地非农就业机会	- 0.08392	0.05172	- 1.62	0.111
补贴变动	0.0416	0.1014	0.41	0.684
	S = 0.107595	R - Sq = 19.9%	R - Sq （调整）	= 11.6%

注：* 、** 分别表示 15% 、10% 的显著性水平。

根据模型（4 -9）实证结果可以看出：

补贴变动 X_1 对一兼农户农业资金投入变动影响不显著。

掌握的非农业劳动技能变量 X_5 通过 10% 的显著性水平检验，表明一兼农户掌握更多的非农业劳动生产技能，会将更多的资金投入到农业生产中，原因是对一兼农户而言，农业收入是其家庭主要收入来源，一兼农户从事非农业生产活动的目的可能是为了获取更多的农业生产资金。

家庭对粮食生产的依赖程度变量 X_{11} 通过 15% 的显著性水平检验，表明一兼农户非常重视粮食生产的作用，依赖程度越高，对农业生产的资金投入变动就越多。

一兼农户农业生产资金的变动可能会受到非农就业机会的影响，但影响不显著，表明调查样本中的一兼农户可以获得的非农就业机会不多，如果非农就业机会增加，一兼农户可能会减少农业资金投入。

4.2.5.3 二兼农户农业资金投入变动受农业补贴政策影响的实证分析

本书使用了 Minitab15 软件对调查到的二兼农户数据进行了回归分析。表 4 - 13 是利用逐步回归法筛选显著性变量的回归结果。

表 4 - 13　二兼农户农业资金投入变动受农业补贴政策影响的实证分析结果

回归方程为

$F2 = -0.358 + 0.0466X1 + 0.121X2 + 0.0516X3 + 0.991X10 - 0.0754X11 + 0.0663X14 - 0.0726X15$

自变量	系数	系数标准误	T	P
常量	-0.3578	0.2892	-1.24	0.221
补贴变动	0.04658	0.08203	0.57	0.572
户主年龄	0.12135*	0.07602	1.60	0.115
户主文化程度	0.05158**	0.03026	1.70	0.093
粮食种植面积变动	0.9914***	0.1367	7.25	0.000
家庭对粮食生产的依赖程度	0.07537***	0.03624	2.08	0.041
当地非农就业机会	0.06627***	0.03073	2.16	0.035
当地农业机械化水平	-0.07265	0.05101	-1.42	0.159
	S = 0.0981801　R - Sq = 53.7%　R - Sq（调整）= 48.8%			

注：*、**、***分别表示15%、10%和5%的显著性水平。

根据模型（4 - 9）实证结果可以看出：

补贴变动 X_1 对二兼农户农业资金投入变动影响不显著。

粮食种植面积变动变量 X_{10} 通过5%的显著性水平检验，影响方向为正，粮食种植面积扩大，二兼农户的农业资金投入增加。

家庭对粮食生产的依赖程度变量 X_{11} 通过5%的显著性水平检验，表明对粮食生产的依赖程度越高的二兼农户，越会增加农业资本投入，而从样本中获得的信息可知，二兼农户对粮食的依赖主要是满足家庭口粮需求，然后才是出售。

当地非农就业机会变量 X_{14} 通过5%的显著性水平检验，说明本地兼业的二兼农户有增加农业生产投资的倾向，这与农户在务工之余有较多时间打理农田有关。

户主文化程度变量 X_3 通过10%的显著性水平检验，这与文化程度较高的二兼农户比较重视粮食生产有关系。

户主年龄变量 X_2 通过15%的显著性水平检验，说明随着二兼农户年龄的增加对农业生产的投资会有所加大，可能与非农业就业环境发生改变有关，年纪大的二兼农户不再具有在非农领域就业的优势。

粮食价格的变动没有进入回归方程，可能与粮食价格的变动太小有关系。二兼农户的耕地面积比一兼农户缩小一半以上，粮食价格变化的幅度对二兼农户农业生产的增收作用不明显。

4.2.5.4　非农户农业资金投入变动受农业补贴政策影响的实证分析

本书使用了 Minitab15 软件对调查到的非农户数据进行了回归分析。表 4-14 是利用逐步回归法筛选显著性变量的回归结果。

表 4-14　非农户农业资金投入变动受农业补贴政策影响的实证分析结果

回归方程为			
$F_2 = -0.721 + 0.220X_1 - 0.199X_2 - 0.201X_4 - 0.105X_5 + 0.131X_7 - 0.102X_{11} - 0.0958X_{14}$			
自变量	系数	系数标准误	T	P
常量	-0.7208	0.3300	-2.18	0.032
补贴变动	0.2200 *	0.1128	1.95	0.054
户主年龄	-0.19943 **	0.08883	-2.25	0.027
户主健康状况	0.2014	0.1710	1.18	0.242
户主掌握的非农业劳动技能	-0.10498 *	0.06013	-1.75	0.084
家庭抚养系数	0.1311	0.1071	1.22	0.225
家庭对粮食生产的依赖程度	-0.10185	0.07113	-1.43	0.156
当地非农就业机会	-0.09577 *	0.05181	-1.85	0.068
S = 0.185630　　R - Sq = 14.9%　　R - Sq（调整）= 7.9%			

注：* 、** 分别表示 10% 和 5% 的显著性水平。

根据模型(4-9)实证结果可以看出：

补贴变动 X_1 对非农户农业资金投入变动影响通过了 10% 的显著性水平检验，表明非农户的农业生产投入受到农业补贴变动的影响较大。补贴资金增加，非农户的农业劳动时间没有多大变化，但是为了保证粮食产量，会用增加投资的方式获取较多产出。可能反映出非农户在农业生产中重资本投入轻劳动投入的经营行为有关。

户主年龄变量 X_2 通过 5% 的显著性水平检验，影响为负，说明非农户的户主年龄增加，农业资本的投入会减少。原因可能与非农户已经在农业领域外获得稳定的就业机会，年龄增长对农业生产的积极性下降所致有关。

户主掌握的非农业劳动技能变量 X_5 通过 10% 的显著性水平检验，影响方向为负，说明掌握的非农业劳动技能对非农户放弃农业生产有强化作用。

当地非农就业机会变量 X_{14} 通过 5% 的显著性水平检验，影响方向为负。

补贴水平提高，非农户在农业生产中的资金投入也会增加；随着非农户户主年龄的增加,其对农业生产的资金投入有明显的减少趋势,可能与非农户在农外就业收入稳定有很大关系,年龄增长越来越不重视农业生产;户主掌握的非农业劳动技能是非农户家庭户主在农业领域之外获取经济收入的重要条件,掌握的农外就业技能水平越高,就会越发减少农业生产的各种投资,将更多的流动资金投入到非农业生产领域;而当地非农业就业机会越多,表示农户可以从农业外获得经济收入的机会越多,农户会将农外获得的经济收入用来补贴农业生产。

此外,户主健康状况对非农户的农业资金投入影响为负,但不显著,表明非农户户主在自身条件较好时,不会追加农业投资,土地资源只是一种备用的保障性资源。

4.2.5.5 补贴变动对各类农户农业资金投入变动影响程度的比较分析

将包括补贴政策变动在内的各种影响农户农业生产资金投入变动的因素按照不同类型的情况进行汇总,可以得到如表4-15所示的统计资料。

表4-15 补贴变动对各类农户农业资金投入变动影响程度的比较

变量显著性情况		纯农户	一兼农户	二兼农户	非农户
补贴变动 X_1		5%显著 系数0.131	不显著	不显著	10%显著 系数0.22
其他变量 影响情况	5%	$-X_2$、$-X_9$		X_{10}、X_{11}、X_{14}	$-X_2$
	10%	$-X_3$、X_6	X_5	X_3	$-X_5$、$-X_{14}$
	15%		X_{10}	X_2	

注:变量前面的"-"表示该变量的影响方向。

资料来源:根据回归分析结果整理。

从表4-15的统计结果可以看出,补贴变动对纯农户资金投入变动影响最显著,显著水平是5%;其次是对非农户农业资金投入影响通过了10%的显著性水平检验,而对一兼农户、二兼农户的影响不显著。与前面的假设不一致。

分析原因:纯农户的农业收入占家庭总收入的80%以上,非常看重补贴额度的变化,一兼农户、二兼农户的农业投资行为受补贴变动影响的水平不显著,可能与兼业农户的生产行为存在很大关系,除经营农业外,兼业农户有很大一部分时间需要在农业行业以外就业,对农业生产不是非常热心,而非农户则不一样,调查发现,很多非农户愿意种粮食,认为可以减少家庭食品开支,但在从业时间上非农户的投入很少,因此愿意在农业生产中追加投资,提高产量和质量,当补贴额度变动，对非农户的农业资金投入就产生了一定程度的影响。这也对学术界争论的补贴政策变动到底对哪一类农户的农业资金投入有影响以及影响程度大小进行了研究上的丰富。

农业补贴政策对兼业农户的资金投入影响不显著，可以考虑将补贴资金进行适当集中，提高区域内的农业机械化水平，为准备扩大经营规模的兼业农户提供资金和贷款支持，从而使得兼业农户把更多的资金留在种植粮食作物的生产领域。

需要指出的是，作为粮食生产最有力量的调节手段，粮食价格的变动没有进入四类农户的回归方程，可能与价格的变化幅度太小有关系。如果希望引导农户追加对农业生产尤其是粮食作物的投资，应该将粮价提高到一定的程度，从而引起农户的重视。

4.3 补贴政策对不同农户粮食种植面积影响的实证分析

农业补贴政策的最初目的是鼓励农户增加粮食的种植面积，引导农户将先前抛荒、撂荒以及改种各种经济作物甚至是经营养殖场的耕地重新作为粮食生产用地使用。农业补贴政策实施以来，有没有对农户耕地的种植结构产生影响？对哪一类农户的粮食种植面积影响最大是本节将要研究的问题。

4.3.1 农户粮食种植面积变动函数

研究补贴政策对农户家庭粮食种植面积的影响有两个前提假设，一是农户家庭的耕地面积在一定时期之内是固定的，农户可以自由选择种植作物的类型（此处假定为经济作物和粮食作物）；二是农户行为理性，能够根据不同作物的市场价格、生产成本，并结合自身条件做出理性的决策。由此，建立的农户粮食作物种植面积同农户家庭总收入之间的函数。

家庭总收入 = 粮食作物的净收入 + 经济作物的净收入 + 补贴收入

$$R = P_j Q_j(A_j, M_j) - C_j A_j + P_i Q_i(A_i, M_i) - C_i A_i + A_j S \qquad (4-10)$$

约束条件：

$$A_i + A_j \leqslant A \tag{4-11}$$

其中，R 表示农户家庭总收入；P_j 表示粮食作物的平均价格；Q_j 表示粮食作物的总产量；Q_j 与粮食作物的种植面积 A_j 和粮食作物投入的成本 M_j 有关；C_j 表示粮食作物单位面积的成本；P_i 表示经济作物的平均价格；Q_i 表示经济作物的总产量，Q_i 与经济作物的种植面积 A_i 和经济作物投入的成本 M_i 有关；C_i 表示经济作物单位面积的成本；S 表示亩均农业补贴额度；A 表示农户家庭的耕地总面积。

对式（4-10）分别求产量 Q_j、Q_i 对 A_j、A_i 的偏导数，农户收益的最大值是两个偏导数相等，即，

$$P_j \partial Q_j / \partial A_j - C_j + S = P_i \partial Q_i / \partial A_i - C_i \tag{4-12}$$

其中，$P_j \partial Q_j / \partial A_j - C_j$ 表示粮食作物的边际净收益 MPR_j。$P_i \partial Q_i / \partial A_i - C_i$ 表示经济作物的边际净收益 MPR_i。

根据边际收益递减规律，只有当粮食作物的种植面积大于经济作物的种植面积，农户家庭收益最大化的平衡条件才会成立。因此，补贴政策有利于农户扩大粮食种植面积。

4.3.2　不同农户粮食种植面积的变动差异比较

农户预期家庭收入中种植粮食作物收入所占的比例越高，就越会扩大粮食作物的种植面积。由于纯农户、一兼农户家庭收入中的大部分收入来自农业产出，随着粮食种植面积的扩大，农户可能对粮食收入有较好的预期。二兼农户和非农户收入来源主要是非农业，对增加粮食种植面积提高家庭总收入的预期可能比纯农户和一兼农户稍低。总体来看，不同农户在补贴政策变动影响下，粮食种植面积的变动会有不同，补贴政策对纯农户、一兼农户的粮食种植面积影响大，对二兼农户、非农户的种植面积影响小。

4.3.3　变量选择说明与实证模型构建

农户的耕地有多种用途，可以种植粮食作物，也可以种植经济作物，甚至在不改变土地性质的前提下可以放养牲畜、种植果树。农业补贴政策实行以来，农户的粮食用地面积有没有变化，这一因变量受到哪些因素的影响？我们采用了补贴政策的变动、农户户主特征、家庭特征、农产品市场状况等变量进行解释，重点依然是对农业补贴政策的考察和分析。

理论分析，补贴额度的变动对农户粮食种植面积的大小会有一定的影响，补贴额度增加的幅度越大，农户收到的粮食生产激励信号越强烈，会在自己的耕地上种植更多的粮食作物。

根据以往学者的研究（王重鸣，1990；陈波、王雅鹏，2006；陈薇，2006；刘克春，2010；易小燕等，2010），选择下面的变量来解释农户种植结构的变动。

户主的年龄、文化程度、健康状况同样对农户经营决策产生影响，粮食种植面积的大小受到农户户主个人特征的影响。年龄越大的农户由于个人学习能力下降或者是管理水平下降会倾向于种植易于管理的粮食作物（见表4-16）。

表4-16 农户粮食种植面积模型变量的解释说明

变量名称	一级指标	二级指标	指标解释	先验判断
因变量	A=2012年农户粮食种植面积/2011年农户粮食种植面积			
自变量	补贴政策	补贴收入变动	2012年的补贴/2011年的补贴	正向
	农户户主特征	年龄	周岁	
		文化程度	1=小学及以下；2=初中；3=高中或中专；4=大专及以上	
		健康状况	1=良好，2=差	
		非农技能	1=具有，2=不具有	负向
	家庭特征	家庭劳动力数量	人口数	
		家庭抚养系数	非劳动人口占总人口数	
		非农业劳动人口比例		
		非农业收入变动	2012年/2011年（分别用"当年非农收入/当年家庭总收入"来表示分子和分母）	负向
		家庭对粮食生产的依赖程度	1=根本不依赖；2=不大依赖；3=一般；4=比较依赖；5=很依赖	正向
	市场状况	粮食作物平均价格变动	2012年的平均价格/2011年的平均价格	正向
		经济作物价格变动	2012年的平均价格/2011年的平均价格	负向
		非农就业机会	1=很容易；2=比较容易；3=一般；4=比较困难；5=很困难	负向
		当地机械化水平	1=低（人力或畜力为主）；2=中等（人力机械各占一半）；3=高（机械为主）	

注：①家庭总收入=农业收入+非农业收入=粮食收入+经济作物收入+非农业收入；②粮食平均价格=粮食作物的总收入/粮食作物的总产量；③经济作物平均价格=年度内经济作物的总收入/经济作物的总产量。

农业补贴政策对农户粮食种植面积的影响模型构建如下：

$$\ln A_i = b + a_1\ln X_1 + a_2\ln X_2 + a_3\ln X_3 + a_4\ln X_4 + a_5\ln X_5 + a_6\ln X_6 + a_7 X_7 + a_8 X_8 +$$
$$a_9\ln X_9 + a_{11}\ln X_{11} + a_{12}\ln X_{12} + a_{13}\ln X_{13} + a_{14}\ln X_{14} + a_{15}\ln X_{15} + u \quad (4-13)$$

家庭劳动力的数量多，会有更多的时间管理农田，粮食种植的面积较大。

而粮食作物价格的提高也会使农户将更多的土地用来生产粮食。经济作物价格的上涨对农户种植粮食作物的面积有负向影响，经济作物的价格越高，农户种粮的耕地面积就会越小。

本书采用双对数模型对包含种粮补贴在内的影响农户粮食种植面积的多种因素进行分析，并对农业补贴政策在其中的作用做重点考察。

模型(4-13)中的 A_i 作为被解释变量，表示农户 2012 年在农业生产中的粮食种植面积与 2011 年农户粮食种植面积的变动情况，A_i = 2012 年农户粮食种植面积/2011 年农户粮食种植面积。X_1 表示补贴收入变动，用 2012 年的补贴总额（或亩均补贴额）比 2011 年的补贴总额（或亩均补贴额）；X_2 表示年龄；X_3 表示户主文化水平，分为小学及小学以下、初中文化、高中或中专文化、大专及大专以上；X_4 表示户主健康状况，良好或者差；X_5 表示农户户主掌握的非农技能；X_6 表示家庭劳动力数量；X_7 表示家庭抚养系数，即家庭中 65 岁以上的老人和 18 岁以下的未成年人的总和与家庭总人口的比值，对于调查对象是 65 岁以上的老龄农户，本文是将其作为家庭劳动力对待，抚养系数等于 1；X_8 表示非农业劳动人口比例；X_9 表示非农业收入变动；X_{11} 表示家庭对粮食生产的依赖程度；X_{12} 表示粮食作物平均价格变动；X_{13} 表示经济作物价格变动，由于调查地区主要是对小麦和玉米两种粮食作物进行补贴，花生、棉花（除滨州沾化外）在很多调查地区的种植面积较小，没有获得相应补贴，将其作为经济作物处理，即使这样，本文调查的农户中也只有一部分经营经济作物，做整体分析时数据缺失较为严重，因此经济作物价格变动没有进入模型进行分析；X_{14} 表示非农就业机会；X_{15} 表示当地机械化水平。b、a_i 为待估参数，u 为随机扰动项。

4.3.4 数据来源说明

本书所用到的数据来自笔者于 2012 年底和 2013 年初在山东省内组织的抽样调查。根据人均 GDP 值对山东省的 17 个地市排序，按照高中低分成三类地区，结合调查的可实施性，选择了 11 个地级市的部分农村地区进行调查。总共得到

纯农户样本 56 户，一兼农户样本 54 户，二兼农户样本 72 户，非农户样本 93
户。表 4 - 17 为调查到的纯农户、一兼农户、二兼农户与非农户各个特征变量的
均值以及标准差。

表 4 - 17　不同农户各特征变量值比较

特征变量	样本总体		纯农户		一兼农户		二兼农户		非农户	
	均值	标准差	均值	标准差	均值	标准差	均值	标准差	均值	标准差
户主年龄（岁）	48.16	10.341	47.54	10.33	49.37	11.102	49.27	8.834	46.96	10.965
文化程度	1.77	0.739	1.75	0.662	1.80	0.762	1.67	0.688	1.85	0.807
健康状况	1.05	0.212	1.05	0.225	1.04	0.191	1.07	0.254	1.03	0.178
政治面貌	1.11	0.327	1.05	0.225	1.09	0.293	1.15	0.397	1.13	0.337
非农劳动技能	1.60	0.491	1.6	0.495	1.74	0.442	1.62	0.490	1.51	0.503
抚养系数	0.259	0.2146	0.247	0.176	0.25	0.212	0.201	0.193	0.258	0.1857
家庭人口数(人)	4.02	1.302	4.25	1.64	3.74	1.277	3.95	1.053	4.11	1.246
2011 年耕地面积（亩）	12.24	19.914	21.07	28.386	18.28	30.697	8.627	4.649	6.17	4.714
种植结构变动	1.08	1.45	0.96	0.266	0.07	0.459	0.99	0.074	1.00	0.059

资料来源：根据调查资料整理。

4.3.5　实证结果分析与比较

将纯农户、一兼农户、二兼农户、非农户的数据依次代入模型（4 - 13），可
以看出不同类型的农户粮食种植面积受到上述各自变量影响的情况。

4.3.5.1　纯农户粮食种植面积变动受农业补贴政策影响的实证分析

本书使用了 Minitab15 软件对调查到的纯农户数据进行了回归分析。表 4 - 18
是利用逐步回归法筛选显著性变量的回归结果。

表 4 - 18　纯农户粮食种植面积变动受农业补贴政策影响的实证分析结果

回归方程为 $A = 3.63 + 0.685X1 + 1.27X14 + 0.628X11 - 1.56X2 - 0.945X8$				
自变量	系数	系数标准误	T	P
常量	3.628	3.027	1.20	0.236
补贴变动	0.6850	0.5829	1.18	0.245

续表

回归方程为 A = 3.63 + 0.685X1 + 1.27X14 + 0.628X11 - 1.56X2 - 0.945X8

自变量	系数	系数标准误	T	P
当地非农就业机会	1.2747**	0.4531	2.81	0.007
家庭对粮食生产的依赖程度	0.6284**	0.2820	2.23	0.030
户主年龄	1.5554*	0.8598	1.81	0.076
非农业劳动人口比例	-0.9445	0.7545	-1.25	0.216

S = 1.13210   R - Sq = 23.3%   R - Sq（调整）= 15.8%

注：*、**分别表示10%和5%的显著性水平。

根据模型（4-13）实证结果可以看出：

补贴变动 X_1 对纯农户粮食种植面积变动的影响不显著。这与我们之前的假设情况相符，为了获取更多的经济收入，纯农户将家庭耕地主要用来种植经济作物，纯粹的补贴额度小幅增加对农户的经营决策没有影响，农户不会因此改变扩大作物的种植面积。

家庭对粮食生产的依赖程度变量 X_{11} 通过了5%的显著性水平检验，纯农户家庭对粮食生产的依赖程度越高，越有扩大粮食种植面积的倾向。

当地非农就业机会变量 X_{14} 通过了5%的显著性水平检验，非农就业机会越多，纯农户越愿意扩大粮食的种植面积，可能与其希望留出更多的时间参与非农业生产有关，因为相比其他的种植作物，粮食种植与管理花费的时间较少。

户主年龄变量 X_2 通过10%的显著性水平检验。说明随着户主年龄的增长，会将家庭中的耕地资源用于生产粮食。

4.3.5.2 一兼农户粮食种植面积变动受农业补贴政策影响的实证分析

本书使用了Minitab15软件对调查到的一兼农户数据进行了回归分析。表4-19是利用逐步回归法筛选显著性变量的回归结果。

表4-19 一兼农户粮食种植面积变动受农业补贴政策影响的实证分析结果

回归方程为 A = -0.029 - 1.39X1 + 0.409X7 + 0.652X12 + 0.329X9

自变量	系数	系数标准误	T	P
常量	-0.0287	0.1046	-0.27	0.785
补贴变动	1.3913**	0.3570	3.90	0.000

回归方程为 A = - 0.029 - 1.39X1 + 0.409X7 + 0.652X12 + 0.329X9				
自变量	系数	系数标准误	T	P
家庭抚养系数	0.4085	0.2912	1.40	0.167
粮食作物平均价格变动	0.6521 *	0.3503	1.86	0.069
非农业收入占家庭收入比重变动	0.3293	0.2474	1.33	0.189
S = 0.412073 R - Sq = 25.5% R - Sq（调整） = 19.4%				

注：* 、* * 分别表示 10% 和 5% 的显著性水平。

根据模型（4 - 13）实证结果可以看出：

补贴变动 X_1 对一兼农户粮食种植面积变动的影响通过了 5% 的显著性水平检验，理论分析补贴数额增加，一兼农户的粮食种植面积显著增加，此处补贴政策对一兼农户粮食种植面积的变动影响系数为正值，增加对一兼农户的补贴资金投入，会使得一兼农户扩大粮食种植面积。

粮食作物平均价格变动变量 X_{12} 通过了 10% 的显著性水平检验，也就是说，粮食作物的价格增长幅度越大，一兼农户越会将更多的耕地用来种植粮食作物。

4.3.5.3　二兼农户粮食种植面积变动受农业补贴政策影响的实证分析

本书使用了 Minitab15 软件对调查到的二兼农户数据进行了回归分析。表 4 - 20 是利用逐步回归法筛选显著性变量的回归结果。

根据模型（4 - 13）实证结果可以看出：

补贴变动 X_1 通过了 5% 的显著性水平检验，说明补贴额度的增加对二兼农户的粮食种植面积有显著影响。二兼农户会根据补贴额度的增加幅度，适当调整粮食作物的种植面积，从而获得更多补贴。

掌握的非农劳动技能变量 X_5 对二兼农户粮食种植面积变动的影响通过了 5% 的显著性水平检验，显示二兼农户掌握的非农劳动技能越多，越会缩小粮作物的种植面积，从事更多的非农业生产活动。

粮食作物平均价格变动变量 X_{12} 通过了 10% 的显著性水平检验，表明二兼农户种植粮食作物的面积变动很大程度受到粮食价格变化的影响。提高粮食作物的价格能够增加二兼农户种植粮食作物的耕地面积。

表4-20 二兼农户粮食种植面积变动受农业补贴政策影响的实证分析结果

回归方程为 $A = -0.0769 - 0.0915X4 - 0.0634X5 + 0.337X12 + 0.152X1$

自变量	系数	系数标准误	T	P
常量	-0.07690	0.02287	-3.36	0.001
健康状况	-0.09147 *	0.05836	-1.57	0.122
非农劳动技能	-0.06340 ***	0.03025	-2.10	0.040
粮食作物平均价格变动	0.3367 **	0.1920	1.75	0.084
补贴变动	0.15177 ***	0.06214	2.44	0.017
S = 0.0834911 R - Sq = 15.9% R - Sq(调整) = 10.9%				

注：*、**、***分别表示15%、10%和5%的显著性水平。

户主健康状况变量 X_4 通过了15%的显著性水平检验，但是影响为负向，即二兼农户的健康状况越好，种植粮食作物的面积就可能越小，这可能与二兼农户的未来预期有关系，身体条件较好的农户，能够同时经营好非粮食作物的种植管理，又能从非农领域获得较多收入，反映了农户的一种理性需求和决策。

4.3.5.4 非农户粮食种植面积变动受农业补贴政策影响的实证分析

本书使用了Minitab15软件对调查到的非农户数据进行了回归分析。表4-21是利用逐步回归法筛选显著性变量的回归结果。

表4-21 非农户粮食种植面积变动受农业补贴政策变动影响的实证分析结果

回归方程为 $A = -0.125 + 0.0102X1 + 0.0390X6 + 0.0721X7 + 0.0225X11 - 0.267X12 + 0.0165X14 + 0.0437X15$				
自变量	系数	系数标准误	T	P
常量	-0.12494	0.04625	-2.70	0.008
补贴变动	0.01023	0.03030	0.34	0.736
家庭劳动力数量	-0.03903 *	0.02103	-1.86	0.067
家庭抚养系数	0.07208 **	0.03412	2.11	0.038
家庭对粮食生产的依赖程度	0.02247	0.01872	1.20	0.233
粮食作物平均价格变动	0.2671 *	0.1449	1.84	0.069
非农就业机会	0.01652	0.01292	1.28	0.204
当地农业机械化水平	0.04371 *	0.02309	1.89	0.062
S = 0.0498146 R - Sq = 12.8% R - Sq（调整） = 5.6%				

注：*、**分别表示10%和5%的显著性水平。

农户分类补贴及政策研究

根据模型（4-13）实证结果可以看出：

补贴变动 X_1 对非农户粮食种植面积变动的影响不显著，非农户的家庭收入80%以上来自非农业，仅靠每亩100多元的种粮补贴不会对非农户的种植结构做出影响，而且，在调查时已经发现非农户基本全部是粮食作物种植户，即使补贴额度增加，非农户仍然只是经营目前规模的耕地，可以说种植结构没有变化，除非非农户流转其他农户的土地，但在现实中很少见到这种情况。

家庭抚养系数变量 X_7 通过了5%的显著性水平检验，即非农户家庭中的老人和小孩的数量站家庭总人口的比重越大，农户越会种植粮食作物，因为粮食作物管理简单，可以机收机种，减少农业生产的劳动强度，这对不以农业收入为家庭主要收入来源的非农户是理性选择。

家庭劳动力数量变量 X_6 通过了10%的显著性水平检验，家庭劳动力数量越多的非农户对粮食种植面积的扩大影响是负向的，农户家庭劳动力越多，可以获得的非农业收入可能越多，非农户会减少粮食作物的种植面积。

粮食作物平均价格变动变量 X_{12} 通过了10%的显著性水平检验，粮食价格变动对非农户粮食作物的种植面积具有正向显著影响，即粮价上涨，非农户会种植更多的粮食作物。

当地农业机械化水平变量 X_{15} 通过了10%的显著性水平检验。当地农业机械化水平的提高对粮食作物的种植面积的影响显著，影响方向为正。

4.3.5.5　补贴变动对各类农户粮食种植面积变动影响程度的比较分析

将以上的回归结果进行汇总，横向比较各类农户粮食种植面积变动受到包括补贴政策在内的影响因素影响情况，可以得到如表4-22所示的统计资料。

表4-22　补贴变动对各类农户粮食种植面积变动影响程度的比较

变量显著性情况		纯农户	一兼农户	二兼农户	非农户
补贴变动的影响		不显著	5%显著 系数1.39	5%显著 系数0.152	不显著
其他变量 影响情况	5%	X_{11}、X_{14}		X_5	X_7
	10%	X_2	X_{12}	X_{12}	$-X_6$、X_{12}、X_{15}
	15%			$-X_4$	

注：变量前面的"-"表示该变量的影响方向。

资料来源：根据回归分析结果整理。

从表 4-22 的统计结果来看，补贴政策变动对一兼农户、二兼农户粮食种植面积变动的影响通过了 5% 水平的显著性检验，但从系数大小来看，对一兼农户的影响程度更大一些。对非农户的影响不显著是因为非农户的耕地面积本身较小，已经全部种植粮食作物，在现有耕地资源有限的情况下，非农户无法也不想继续扩大耕地规模，所以补贴政策变动对其粮食作物的种植面积变化影响不显著。对纯农户的影响不显著是因为纯农户的种植结构多是经济作物，种植粮食作物的比较收益较低，在现有补贴额度的变动幅度下，很难改变纯农户希望种植更多经济作物获得经济效益的决策。对一兼农户的影响为正，与笔者的预期相同，主要原因是补贴力度增加，一兼农户倾向于种植更多的粮食作物。

除补贴政策以外，粮食价格的变动对农户扩大粮食作物耕种面积的影响更显著，粮食价格提高，一兼农户、二兼农户、非农户的粮食种植面积都有扩大的趋势，但是受到农户自身条件的限制，一兼农户扩大粮食种植面积的愿望更有可能成为现实，纯农户的经济作物种植结构短期内难以改变，非农户是以非农劳动为收入来源的农户，扩大耕地的意愿较低。

4.4 基于补贴影响视角下的不同农户生产行为改进分析

4.4.1 补贴政策对纯农户生产行为影响结果汇总与分析

从表 4-23 的统计结果可以看出，农业补贴政策的变动对纯农户的农业资金投入变动显著，但对农业劳动时间变动和粮食种植面积变动的影响不显著。从获得的样本情况分析，对于经济作物种植面积较大的纯农户，补贴对其粮食作物的种植面积、劳动时间影响较小，农业资本投入的资金可能也是对经济作物的投入加大。可以考虑对种植粮食作物的纯农户加大资金投入。纯农户农业劳动时间的长短受农户文化程度、健康状况影响显著，提高纯农户的知识水平和改善其工作环境有利于增加农户农业劳动时间；纯农户的资本投入除受补贴政策的显著影响外，还受到户主年龄、文化程度、非农业收入占家庭收入比例的负向影响，而纯农户的粮食种植面积变动受到非农就业机会的显著影响,非农就业机会多的纯农户愿意扩大粮食作物的种植。

表4-23　补贴政策对纯农户生产行为影响结果汇总

纯农户		农业劳动时间的变动	农业资金投入的变动	粮食种植面积变动
补贴的影响		不显著	5%显著　系数0.131	不显著
其他具有显著影响的因素	5%显著	X_3	$-X_2$、$-X_9$	X_{11}、X_{14}
	10%显著	X_4	$-X_3$、X_6	X_2
	15%显著			

注:变量前面的"-"表示该变量的影响方向。

资料来源:根据前文计算结果汇总。

因此对纯农户的补贴要注意扩大农户的非农就业机会,补贴对象上选择粮食种植面积多的农户给予支持。

4.4.2　补贴政策对一兼农户生产行为影响结果汇总与分析

从表4-24的统计结果来看,农业补贴政策对一兼农户的粮食种植面积变动影响显著,对农业劳动时间的变动和农业资金投入的变动影响不显著。提高一兼农户的非农业劳动技能、扩大粮食种植面积可以引导一兼农户增加农业资本投入,而粮食种植面积的扩大与提高粮食价格的关系更为密切,所以补贴政策一方面要提高粮食价格,另一方面为一兼农户提供更多非农就业机会,可以促进一兼农户增加粮食种植面积并加大农业生产投资力度。

表4-24　补贴政策对一兼农户生产行为影响结果汇总

一兼农户		农业劳动时间的变动	农业资金投入的变动	粮食种植面积变动
补贴的影响		不显著	不显著	5%显著　系数1.39
其他具有显著影响的因素	5%显著	$-X_4$		
	10%显著	X_6	X_5	X_{12}
	15%显著	$-X_{14}$、$-X_{15}$	X_{10}	

注:变量前面的"-"表示该变量的影响方向。

资料来源:根据前文计算结果汇总。

4.4.3 补贴政策对二兼农户生产行为影响结果汇总与分析

从表4-25的统计结果可以看出，对于二兼农户而言，补贴政策变动对二兼农户的粮食种植面积变动影响显著，对二兼农户的农业劳动时间的变动以及农业资金投入的变动影响不显著。但是增加当地的非农就业机会可以增加二兼农户的农业劳动时间和农业资金投入。而提高粮食价格和二兼农户的非农业劳动技能对于耕地面积的扩大有显著影响。对于二兼农户的补贴可以着重通过扩大农户在当地的非农业就业渠道、提高粮食价格、增加技能培训改变农户的生产行为。

表4-25 补贴政策对二兼农户生产行为影响结果汇总

二兼农户		农业劳动时间的变动	农业资金投入的变动	粮食种植面积变动
补贴的影响		不显著	不显著	5%显著 系数0.152
其他具有显著影响的因素	5%显著		X_{10}、X_{11}、X_{14}	X_5
	10%显著	X_{14}	X_3	X_{12}
	15%显著		X_2	$-X_4$

注：变量前面的"-"表示该变量的影响方向。

资料来源：根据前文计算结果汇总

4.4.4 补贴政策对非农户生产行为影响结果汇总与分析

从表4-26的统计结果可以看出，对于非农户而言，农业补贴政策变动对农户的农业资金投入有显著影响，对农户农业劳动时间以及粮食种植面积的影响不显著。由于非农户已经不再是农业生产的主体，但从目前来看仍占有一部分农业生产资源，补贴政策应该着力引导非农户逐步放弃耕地，实现非农化就业。如何保障土地流转过程中的非农户权益，以及流转之后的农户收益提高是补贴的目标。

农户分类补贴及政策研究

表 4 – 26　补贴政策对非农户生产行为影响结果汇总

非农户		农业劳动时间的变动	农业资金投入的变动	粮食种植面积变动
补贴的影响		不显著	10% 显著　系数 0.22	不显著
其他具有显著 影响的因素	5% 显著	$-X_{14}$	$-X_2$	X_7
	10% 显著		$-X_5$、$-X_{14}$	$-X_6$、X_{12}、X_{15}
	15% 显著	$-X_4$		

注：变量前面的"–"表示该变量的影响方向。

资料来源：根据前文计算结果汇总。

5 补贴政策对不同农户产出水平影响的实证分析

第 4 章对影响农户生产经营行为的各种变量进行了分析，重点是研究了农业补贴政策对不同类型农户生产行为的影响，着重指出了不同类型农户生产行为差异。本章将在上一章研究内容的基础上，深入分析补贴政策对农户家庭最终产出水平的影响。农户的农业产出水平包括粮食产量情况和农业收入情况，其中的农业收入情况是指农户农业收入占家庭全年总收入的比例。

本书认为农户经营行为的变化是实现农业补贴政策效果的路径，其最终效果体现在增加粮食产量和促进农民增收两个方面。增加粮食产量可以保证国家粮食安全，促进农民收入增长可以缩小城乡之间的现实差距，实现社会和谐安定。

本书在分析农户产出水平的影响因素时，除考虑补贴政策、农户户主个体特征、家庭特征以及市场状况这些常规的可能影响因素之外，还将农业劳动时间的变化、农业生产资料投入的变化、种粮面积的变化作为中间变量引入多元回归方程，从而使得模型更加贴近实际。

5.1 粮食补贴政策对不同农户粮食产量影响的实证分析

粮食安全是国家稳定发展的重要保障。我国是一个人口大国，每年对粮食的需求量巨大，难以通过国外进口的方式解决 13 亿人口的吃饭问题。必须依靠自身努力，不断增加粮食产量。但自 20 世纪 90 年代后期开始，我国粮食总产量呈现逐年下滑的严重态势，广大农户对种地的态度淡漠，耕地抛荒撂荒现象十分严重，形势异常严峻。为了稳定粮食产量，提高种粮农户的积极性，国家自2004年全面取消农业税，改为对种粮农户实施补贴，政策出台伊始受到了广大农户的积极响应，粮食产量呈现增长趋势，截至2012年底，实现了粮食生产的"九连增"，农民收入增长实现"九连快"。然而部分研究表明，农业补贴在农户粮食增产过程中发挥的作用越来越小，农户将农业补贴更多的看成是收入补贴，而非生产资料补贴。到底农业补贴政策对农户粮食产量增长的影响有多大，是本节想要集中讨论的问题。

本节内容将首先界定各种可能的影响因素，并将农户生产行为的变化作为重要的中间变量，分析粮食产量受到哪些因素的影响，其次对四类不同性质的农户进行实证比较，找出他们之间可能存在的差异。

5.1.1　农户粮食产量水平的函数表示

函数模型的构建是为了寻找可能影响农户家庭粮食产量的自变量。

排除极端天气等不可控因素的影响之外，从农户家庭对粮食产量控制决策的形成过程分析，农户家庭粮食产量水平受到生产粮食的耕地面积约束、农户种植粮食作物的品种约束以及一定时期之内农业生产技术决定的粮食亩均产量限制。

应用产出最大化分析方法，可以将农户家庭粮食产量水平用多变量的柯布—道格拉斯生产函数表示：

$$Q_{all} = f(A_j, \ F_j, \ T_j, \ W) \tag{5-1}$$

$$Q_{all} = A_j^a F_j^b T_j^c W^d \tag{5-2}$$

其中，Q_{all}表示年度内农户家庭总共的粮食产出水平；A_j表示粮食作物的播种面积；F_j表示粮食作物的资金投入；T_j表示种植粮食作物的时间投入；W表示其他的影响因素，如户主的文化水平、健康状况、农业生产的技能、粮食作物的价格等。a、b、c、d分别表示不同投入要素的系数。

5.1.2　不同农户粮食产量水平的差异比较

纯农户是完全依靠农业产出维持家庭生计的农户，很少外出打工，全年在农业生产中投入的资源最多。在目前人均耕地资源有限，而土地流转机制尚不健全的情况下，很多纯农户无法通过扩大耕地面积实现规模经济，而由于自身掌握的技术和资金有限，又无法利用有限的土地资源进行农业生产项目的彻底升级。所以很多农户是通过增加农业劳动时间，即依靠劳动密集型生产来获得更多的经济收入。但由于粮食作物的比较收益低于各种经济作物，纯农户在粮食生产方面可能不会十分积极，导致粮食产量的水平不高。

一兼农户的家庭收入主要依靠农业，但同时会参与一部分非农业劳动，获得一定量的非农业收入。为了获得较多的非农业收入，一兼农户可能会增加粮食作物的种植面积，因为粮食作物耗用的劳动时间少于获利水平更高的经济作物，从而一兼农户耕地资源产出的粮食可能要多于同等规模下的纯农户。

二兼农户的家庭收入主要来自非农业，但农业收入是重要的组成部分，二兼农户为了减少农业劳动时间，也会选择种植比例较大的粮食作物，既保证自己家庭的用粮需要，又可以从事非农业。

非农户由于耕地资源不多，而且在生活来源上又不依赖农业产出，可能将全部面积的耕地用来种植粮食作物。

5.1.3 变量选择说明与实证模型构建

农户粮食产量的增长受到多种因素的影响，根据以往研究资料（刘晓展，1995；魏津瑜等，2008；陈建梅，2009；臧文如等，2010；黎红梅等，2010；张冬平等，2011；宋廷山等，2012；赵瑞芹等，2012）对粮食产量影响因素的研究，本书选择了农业补贴政策、农户户主特征变量、家庭特征变量、市场状况变量等作为自变量，将粮食产量变动作为因变量，采用双对数模型对包含种粮补贴在内的影响农户粮食产量的多种因素进行分析，并对农业补贴政策在其中的作用作重点考察。各变量解释如下：

5.1.3.1 农业补贴政策变量

农业补贴政策体现在补贴额度的增加上，但是增加的幅度不大，除2011年发放过40元的小麦抗旱补贴外，近年来的增幅维持在20元左右，本书预期农业补贴政策的变动对农户粮食产量增加具有正向影响（见表5-1）。

5.1.3.2 农户户主特征变量

农户的年龄、学历、健康状况、从事非农业生产的技能对粮食产量有一定影响。年龄大小与健康与否对农业生产有影响，但是影响正负待定；文化程度高的农户会选用良种法提高产量，非农劳动技能对粮食产量的增长具有负向作用。

5.1.3.3　家庭特征变量

农户家庭农业劳动人口、非农业劳动人口、家庭抚养系数对农户家庭粮食产量有一定影响。农业劳动人口越多的农户家庭粮食产量越高，而非农业劳动人口越多的家庭粮食产量越低。家庭抚养系数越高的农户家庭粮食产量越高，原因是老人和子女需要青壮年家庭成员的照顾，农户离农的实际行为较少，从而有更多的时间经营农业。

5.1.3.4　市场状况变量

粮食作物的价格对粮食产量增长具有正向影响，经济作物的价格对粮食作物的产量具有负向影响，农户对粮食生产的依赖情况对粮食产量有正向影响（见表5－1）。

表5－1　农户粮食产量模型变量的解释说明

变量名称	一级指标	二级指标	指标解释	先验判断
因变量			Q = 2012年粮食产量/2011年粮食产量	
自变量	补贴政策	补贴收入变动	2012年的补贴/2011年的补贴	正向
	农户户主特征	年龄	周岁	
		文化程度	1 = 小学及以下；2 = 初中；3 = 高中或中专；4 = 大专及以上	
		健康状况	1 = 良好，2 = 差	
		非农技能	1 = 具有，2 = 不具有	负向
	家庭特征	家庭劳动力数量	人口数	
		家庭抚养系数	非劳动人口占总人口数	
		非农业劳动人口比例		
		非农业收入变动	2012年/2011年（分别用"当年非农收入/当年家庭总收入"来表示分子和分母）	负向
		家庭对粮食生产的依赖程度	1 = 根本不依赖；2 = 不大依赖；3 = 一般；4 = 比较依赖；5 = 很依赖	正向
	市场状况	粮食作物平均价格变动	2012年的平均价格/2011年的平均价格	正向
		经济作物价格变动	2012年的平均价格/2011年的平均价格	负向
		非农就业机会	1 = 很容易；2 = 比较容易；3 = 一般；4 = 比较困难；5 = 很困难	负向
		当地机械化水平	1 = 低（人力或畜力为主）；2 = 中等（人力机械各占一半）；3 = 高（机械为主）	

注：①家庭总收入 = 农业收入 + 非农业收入 = 粮食收入 + 经济作物收入 + 非农业收入；②粮食价格 =（小麦价格 + 玉米价格）/2；③经济作物价格——按照农户实际情况整理；④粮食种植面积变动——2012年粮食种植面积/2011年粮食种植面积变动。

农业补贴政策对农户农业劳动时间分配影响的实证模型构建如下：

$$\ln Q_i = b + a_1 \ln X_1 + a_2 \ln X_2 + a_3 \ln X_3 + a_4 \ln X_4 + a_5 \ln X_5 + a_6 \ln X_6 + a_7 X_7 + a_8 X_8 + a_9 \ln X_9$$
$$+ a_{10} \ln X_{10} + a_{11} \ln X_{11} + a_{12} \ln X_{12} + a_{13} \ln X_{13} + a_{14} \ln X_{14} + a_{15} \ln X_{15} + u \qquad (5-3)$$

其中，Q_i 作为被解释变量，表示农户 2012 年粮食产量与 2011 年粮食产量的变动情况，$Q_i = 2012$ 粮食产量/2011 年粮食产量。X_1 表示补贴收入变动，用 2012 年的补贴总额（或亩均补贴额）比 2011 年的补贴总额（或亩均补贴额）；X_2 表示年龄；X_3 表示户主文化水平，分为小学及小学以下、初中文化、高中或中专文化、大专及大专以上；X_4 表示户主健康状况，良好或者差；X_5 表示农户户主掌握的非农技能；X_6 表示家庭劳动力数量；X_7 表示家庭抚养系数，即家庭中 65 岁以上的老人和 18 岁以下的未成年人的总和与家庭总人口的比值，对于调查对象是 65 岁以上的老龄农户，本书是将其作为家庭劳动力对待，抚养系数等于 1；X_8 表示非农业劳动人口比例；X_9 表示非农业收入变动；X_{10} 表示粮食种植面积变动；X_{11} 表示家庭对粮食生产的依赖程度；X_{12} 表示粮食作物平均价格变动；X_{13} 表示经济作物价格变动，由于调查地区主要是对小麦和玉米两种粮食作物进行补贴，花生、棉花（除滨州沾化外）在很多调查地区的种植面积较小，没有获得相应补贴，将其作为经济作物处理，即使这样，本书调查的农户中也只有一部分经营经济作物，做整体分析时数据缺失较为严重，因此经济作物价格变动没有进入模型进行分析；X_{14} 表示非农就业机会；X_{15} 表示当地机械化水平。b、a_i 为待估参数，u 为随机扰动项。

5.1.4 数据来源说明

本书所用到的数据来自笔者于 2012 年底和 2013 年初在山东省内组织的抽样调查。根据人均 GDP 值对山东省的 17 个地市排序，按照高、中、低分成三类地区，结合调查的可实施性，选择了 11 个地级市的部分农村地区进行调查。总共得到纯农户样本 56 户，一兼农户样本 54 户，二兼农户样本 72 户，非农户样本 93 户。表 5-2 为调查到的纯农户、一兼农户、二兼农户与非农户各个特征变量的均值以及标准差。

表 5-2 不同农户各特征变量值比较

特征变量	样本总体		纯农户		一兼农户		二兼农户		非农户	
	均值	标准差	均值	标准差	均值	标准差	均值	标准差	均值	标准差
户主年龄（岁）	48.16	10.341	47.54	10.33	49.37	11.102	49.27	8.834	46.96	10.965

特征变量	样本总体		纯农户		一兼农户		二兼农户		非农户	
	均值	标准差	均值	标准差	均值	标准差	均值	标准差	均值	标准差
文化程度	1.77	0.739	1.75	0.662	1.80	0.762	1.67	0.688	1.85	0.807
健康状况	1.05	0.212	1.05	0.225	1.04	0.191	1.07	0.254	1.03	0.178
政治面貌	1.11	0.327	1.05	0.225	1.09	0.293	1.15	0.397	1.13	0.337
非农劳动技能	1.60	0.491	1.6	0.495	1.74	0.442	1.62	0.490	1.51	0.503
抚养系数	0.259	0.2146	0.247	0.176	0.25	0.212	0.201	0.193	0.258	0.1857
家庭人口数（人）	4.02	1.302	4.25	1.64	3.74	1.277	3.95	1.053	4.11	1.246
2011年耕地面积（亩）	12.24	19.914	21.07	28.386	18.28	30.697	8.627	4.649	6.17	4.714
种植结构变动	1.08	1.45	0.96	0.266	0.07	0.459	0.99	0.074	1.00	0.059

资料来源：根据调查资料整理。

5.1.5 实证结果分析与比较

将纯农户、一兼农户、二兼农户、非农户的数据依次代入模型（5-3），可以得出不同类型的农户粮食产量受到上述各自变量影响的结果。

5.1.5.1 纯农户粮食产量变动受农业补贴政策影响的实证分析

本书使用了Minitab15软件对调查到的纯农户数据进行了回归分析。表5-3是利用逐步回归法筛选显著性变量的回归结果。

根据模型（5-3）实证结果可以看出：

补贴变动X_1对纯农户粮食产量变动的影响不显著。

粮食种植面积变动变量X_{10}通过5%的显著性水平检验，粮食种植面积变化与粮食产量变化同方向。

表5-3 纯农户粮食产量变动受农业补贴政策影响的实证分析结果

回归方程为			
$Q = -0.026 - 0.127X3 + 0.388X8 + 0.287X10 + 0.176X11 + 0.312X12 - 0.167X15 - 0.146X9 + 0.182X1$			
自变量	系数	系数标准误	T	P
常量	-0.0260	0.1178	-0.22	0.826
文化程度	-0.1268	0.1144	-1.11	0.273

回归方程为

$$Q = -0.026 - 0.127X3 + 0.388X8 + 0.287X10 + 0.176X11 + 0.312X12 - 0.167X15 - 0.146X9 + 0.182X1$$

自变量	系数	系数标准误	T	P
非农业劳动人口比例	0.3879 *	0.2071	1.87	0.067
粮食种植面积变动	0.28673 **	0.03516	8.16	0.000
家庭对粮食生产的依赖程度	0.17641 **	0.07616	2.32	0.025
粮食作物平均价格变动	0.3123	0.2481	1.26	0.214
当地农业机械化水平	-0.1672	0.1296	-1.29	0.203
非农业收入占家庭收入比例变动	-0.1458	0.1533	-0.95	0.346
补贴变动	0.1819	0.1669	1.09	0.281
S = 0.303325 R - Sq = 68.0% R - Sq（调整）=62.6%				

注：*、**分别表示10%和5%的显著性水平。

家庭对粮食生产的依赖程度变量 X_{11} 通过5%的显著性水平检验，纯农户家庭对粮食产量的依赖程度越高，家庭生产粮食的数量会越大。

非农业劳动人口比例变量 X_8 通过10%的显著性水平检验。原因与纯农户家庭农业的种植结构存在密切关系。一方面是农户家庭劳动力对粮食的需求是刚性的，非农业劳动力越多，农户家庭越会提高土地生产粮食的水平，进而满足家庭成员的需要；另一方面则是较多家庭成员从事了非农业活动，农业劳动时间减少，而种植粮食作物相比种植经济作物使用的劳动力数量和花费的劳动时间都较少，因此农户家庭的粮食产量得到增加。

粮食作物平均价格变动进入了回归方程，但是 P 值为0.214，对纯农户提高粮食产量的影响不显著，表明当前价格水平下，纯农户农业生产不会以粮食生产为中心。

非农业收入占家庭收入比例与粮食产量反方向变动，但影响不显著，可能的原因是非农业收入占家庭收入的比例太低，而且增长幅度很小。

5.1.5.2 一兼农户粮食产量变动受农业补贴政策影响的实证分析

本书使用了 Minitab15 软件对调查到的一兼农户数据进行了回归分析。表5-4 是利用逐步回归法筛选显著性变量的回归结果。

根据模型（5-3）实证结果可以看出：

补贴变动 X_1 对一兼农户粮食产量变动的影响不显著。

年龄变量 X_2 通过 5% 的显著性水平检验，年龄越大的一兼农户越能生产更多的粮食，这与年纪大的一兼农户希望减少作业强度、减少交易成本有关。

表 5 - 4　一兼农户粮食产量变动受农业补贴政策影响的实证分析结果

回归方程为 Q = -2.54 - 0.188X1 + 0.554X2 + 0.672X12 + 0.410X9 + 0.239X11				
自变量	系数	系数标准误	T	P
常量	-2.5434	0.8383	-3.03	0.004
补贴变动	-0.1876	0.3086	-0.61	0.546
农户户主年龄	0.5536***	0.2213	2.50	0.016
粮食平均价格变动	0.6716***	0.2769	2.43	0.019
非农业收入占家庭收入比例变动	0.4096**	0.2263	1.81	0.077
家庭对粮食生产的依赖程度	0.2395*	0.1630	1.47	0.148
S = 0.342995　R - Sq = 23.6%　R - Sq（调整）= 15.6%				

注：*、**、*** 分别表示 15%、10% 和 5% 的显著性水平。

粮食作物平均价格变动变量 X_{12} 通过 5% 的显著性水平检验，对于一兼农户而言，粮食作物价格上涨对粮食产量增加的影响显著。

非农业收入占家庭收入比例变动变量 X_9 通过 10% 的显著性水平检验，非农业收入占家庭总收入的比例提高，作为以农业收入为主的一兼农户会将非农业收入投入到农业生产中，从而提高粮食作物的产量。

家庭对粮食生产的依赖程度变量 X_{11} 通过 15% 的显著性水平检验，家庭成员对粮食依赖的程度越高，则农户生产粮食的积极性就越高，粮食产量受农户家庭对粮食依赖程度的显著影响。

5.1.5.3　二兼农户粮食产量变动受农业补贴政策影响的实证分析

本书使用了 Minitab15 软件对调查到的二兼农户数据进行了回归分析。表 5 - 5 是利用逐步回归法筛选显著性变量的回归结果。

表 5 - 5　二兼农户粮食产量变动受农业补贴政策影响的实证分析结果

回归方程为 Q = 0.0370 + 0.589X10 + 0.376X1 - 0.0408X11 - 0.0821X4 + 0.0905X9				
自变量	系数	系数标准误	T	P
常量	0.03701	0.03299	1.12	0.266

回归方程为 Q = 0.0370 + 0.589X10 + 0.376X1 − 0.0408X11 − 0.0821X4 + 0.0905X9				
自变量	系数	系数标准误	T	P
粮食种植面积变动	0.5895 *	0.1293	4.56	0.000
补贴变动	0.37580 *	0.07669	4.90	0.000
家庭对粮食生产的依赖程度	− 0.04084	0.03050	− 1.34	0.185
户主健康状况	− 0.08205	0.06364	− 1.29	0.202
非农业收入占家庭收入的比例变动	0.09050	0.08413	1.08	0.286
S = 0.0909883 R − Sq = 49.9% R − Sq （调整） = 46.2%				

注： * 表示 5% 的显著性水平。

根据模型（5 − 3）实证结果可以看出：

补贴变动 X_1 对二兼农户粮食产量变动的影响通过了 5% 的显著性水平检验，表明二兼农户家庭粮食产量的增长受到补贴额度变动的显著影响。

粮食种植面积变动变量 X_{10} 对二兼农户粮食产量变动的影响通过 5% 的显著性水平检验，尤其是粮食种植面积变动的系数较大，这与二兼农户的耕地主要是种植粮食作物有关，耕地面积变化对粮食产量影响较大。

其他进入回归方程的变量对二兼农户家庭粮食产量的影响不显著，可能的原因是二兼农户家庭的非农业收入占农户家庭总收入的比例相对稳定，变动很小。家庭本身对粮食作物的依赖程度不高，但值得注意的是，二兼农户户主的健康状况与粮食产量的变动负相关，农户户主身体条件越好，对于放弃粮食生产的动机可能越强。

5.1.5.4　非农户粮食产量变动受农业补贴政策影响的实证分析

本书使用了 Minitab15 软件对调查到的非农户数据进行了回归分析。表 5 − 6 是利用逐步回归法筛选显著性变量的回归结果。

表 5 − 6　非农户粮食产量变动受农业补贴政策影响的实证分析结果

回归方程为 Q = − 0.221 + 0.771X10 + 0.0764X2 + 0.143X1 − 0.504X12 + 0.107X8 − 0.0669X15				
自变量	系数	系数标准误	T	P
常量	− 0.2206	0.2191	− 1.01	0.317
粮食种植面积变动	0.7715 **	0.2527	3.05	0.003

回归方程为 Q = -0. 221 + 0. 771X10 + 0. 0764X2 + 0. 143X1 - 0. 504X12 + 0. 107X8 - 0. 0669X15

自变量	系数	系数标准误	T	P
户主年龄	0.07636	0.05299	1.44	0.153
补贴变动	0.14250 *	0.07318	1.95	0.055
粮食作物平均价格变动	-0.5036	0.3547	-1.42	0.159
非农业劳动人口占家庭总人口的比例	0.10699 *	0.05548	1.93	0.057
当地农业机械化水平	-0.06689	0.05626	-1.19	0.238
S = 0.120190 R - Sq = 22.2% R - Sq（调整）= 16.8%				

注：＊、＊＊分别表示10%和5%的显著性水平。

根据模型（5-3）实证结果可以看出：

补贴变动 X_1 通过10%的显著性水平检验。补贴额度的变化对非农户家庭粮食产量的变动影响显著，影响方向为正。原因在于，调查到的非农户主要农业生产类型是粮食种植，由于在快速城镇化、非农化进程中非农业收入占家庭收入的比例提高幅度大，从兼业农户甚至是纯农户角色转变为非农户角色的时间很短，农户依然保留了粮食生产的习惯。比较关注补贴额度变化对农业生产成本的抵消作用。和之前我们认识的逐渐演变成非农户的农村住户在土地经营的态度上存在较大差异。

非农业劳动人口占家庭总人口的比例变量 X_8 通过10%的显著性水平检验，表明尽管调查样本中的非农户家庭成员从事非农业劳动的人口比例较大，但是对粮食生产依然有较高热情，尤其是当前户均土地规模已经很少的情况下，种植粮食作物占用的劳动时间较之以前大大缩短。

粮食种植面积变动变量 X_{10} 对非农户粮食产量变动的影响通过5%的显著性水平检验。

粮食作物平均价格变动变量虽然进入了回归方程，但是影响不显著，说明非农户家庭对粮食生产获取经济利益的目的不强。

5.1.5.5 补贴变动对各类农户粮食产量变动影响程度的比较分析

将包括补贴政策变动在内的各种影响农户粮食产量变动的因素按照不同类型的情况进行汇总，可以得到如表5-7所示的统计资料。

表5-7　补贴变动对各类农户粮食产量变动影响程度的比较

变量显著性情况		纯农户	一兼农户	二兼农户	非农户
补贴变动		不显著	不显著	5% 显著 系数 0.376	10% 显著 系数 0.143
其他变量 影响情况	5%	X_{10}、X_{11}	X_2、X_{12}	X_{10}	X_{10}
	10%		X_9		X_8
	15%		X_{11}		

资料来源：根据回归分析结果整理。

从表5-7的统计结果可以看出，补贴变动对二兼农户的粮食产量影响通过了5%的显著性水平检验，补贴变动系数为0.376，非农户通过了10%的显著性水平检验，补贴变动系数为0.143。纯农户、一兼农户未通过显著性水平检验，即目前的补贴变动程度对这两类农户的粮食产量影响不显著。原因依然在于种植粮食作物的比较收益太低，纯农户和一兼农户不愿意将更多的耕地资源或者更多的劳动时间投入到粮食生产中，导致这两类农户虽然能够获得补贴，但是补贴发挥的积极性不大。但是二兼农户和非农户是将主要劳动时间投入到非农业生产中，家庭收入依靠非农领域，希望农业劳动尽量占用较少的时间，所以种植粮食作物是最优选择，补贴政策的变动对二兼农户、非农户的粮食产量变动情况影响较大。

在问卷中设计了一道专门调查农户对家庭粮食实际总产量判断的题目，与领取农业补贴之前的年份进行比较，从农户的主观感受判断粮食总产量是增加、减少还是不变，详细情况的统计见表5-8。

表5-8　各类农户反映的家庭粮食总产量变化情况　　　　　　单位：户,%

粮食总产量	纯农户	一兼农户	二兼农户	非农户	合计
减少	7 (13)	4 (8)	1 (1)	1 (1)	13 (5)
不变	31 (56)	25 (47)	31 (44)	39 (42)	126 (46)
增加	17 (31)	24 (45)	38 (54)	53 (57)	132 (49)
合计	55	53	70	93	271

注：括号内的数字表示选择该选项的农户占该类型农户的比例。

资料来源：根据问卷调查结果统计。

从表 5-8 的统计情况来看，56% 的纯农户、47% 的一兼农户认为与领取补贴之前的年份相比，家庭粮食的总产量不变。13% 的纯农户、8% 的一兼农户认为自己家庭的粮食总产量与之前相比有所减少，原因一方面是加速推进的城镇化、工业化进程占用了农业用地，另一方面是许多纯农户、一兼农户选择种植比较收益更高的经济作物或者观赏林木、甚至利用土地进行畜禽养殖活动，必然减少粮食总产量。认为粮食作物总产量增加的纯农户、一兼农户分别占调查样本纯农户、一兼农户的比例为 31% 和 45%。二兼农户和非农户中认为家庭粮食总产量较领取补贴之前的年份有所增加的比例要比纯农户和一兼农户的比例略高，分别占到所在群组的 54% 和 57%，认为粮食产量不变的二兼农户和非农户的比例分别是 44% 和 42%，这与同样情况下的纯农户、一兼农户相比，比例稍低，而认为粮食总产量较领取补贴之前的年份有所减少的二兼农户、非农户的比例都仅占各调查样本组的 1%，说明了二兼农户和非农户将更多的耕地用于生产粮食。而这恰好可以解释补贴政策变动对二兼农户、非农户的家庭粮食总产量变动有显著影响，即越是种植更多粮食作物的农户越是能够充分利用补贴资金发展粮食生产。

5.2 粮食补贴政策对不同农户农业收入影响的实证分析

农户家庭收入包括农业收入、非农业收入以及补贴收入等多种形式。其中，农业收入主要是指种植粮食作物、经济作物，禽畜养殖、果蔬栽培等的收入，非农业收入包括打工、经商收入，也包括各种财产性收入；农业补贴收入属于农业收入的一部分。

农户家庭收入虽然呈现"九连快"的增长势头，但是城乡居民的收入差距依然很大，农户家庭经济情况不容乐观。能否通过农业补贴政策影响和带动农户积极从事农业生产，走上发家致富的道路，是检验补贴政策优劣的重要标准。

本节试图在构建各种自变量和因变量组成的模型之后，对相关问题展开深入研讨，尤其是分析四类农户的农业收入在多大程度上受到农业补贴政策及其他因素的影响。在分析过程中将把农户经营行为变量作为中间变量，使分析过程更加接近实际。

5.2.1 农户家庭总收入函数

农户家庭的总收入由农业收入和非农业收入两部分组成，其中农业收入主要包括粮食作物收入和经济作物收入，其函数关系为：

$$R = \sum A_j Q_j P_j + T_{ni} w_{ni} + \sum A_j S \qquad (5-4)$$

其中，R 表示家庭总收入；P_j 表示第 j 种粮食作物的价格；T_{ni} 表示家庭中的第 i 个成员参加非农业劳动的时间；w_{ni} 表示第 i 个成员参加非农业劳动的日平均工资数；S 表示农业补贴标准。

5.2.2 不同农户农业收入家庭总收入差异比较

纯农户的家庭收入主要来自农业，农业收入占到家庭收入比例的 80% 以上，但是对于经营面积较小的纯农户，为了追求家庭收入的最大化，粮食作物的收入可能并不是很高，更多的收入来自经济作物。

一兼农户家庭的粮食收入占家庭总体农业收入的比例可能高于纯农户，一兼农户的耕地中种植粮食作物的比例大于纯农户，可能在补贴额度变化时，一兼农户的反应会更大。

二兼农户、非农户的粮食种植面积在家庭总耕地面积中的比例都比较大，但是由于农户收入结构的差异，二兼农户对农业补贴政策的变动会更为关注。

5.2.3 变量选择说明与实证模型构建

根据以往的研究文献（黄祖辉等，2003；刘进宝等，2004；温涛等，2005；许崇正等，2005；王娇等，2006；邢鹏等，2007；顾和军，2007；刘忠群等，2008；孙云奋等，2010；黄季焜等，2011）加上本书的实地调研情况，拟选择下述变量作为解释变量，将农户家庭农业收入变动作为因变量，采用双对数模型分析农户农业收入的变动情况与补贴变动、农户户主特征、家庭特征、市场状况变量之间的关系，其中补贴政策对家庭农业收入占家庭总收入的影响是分析的重点（见表 5-9）。

5.2.3.1 农业补贴政策变量

农业补贴额度增加，农户粮食作物的播种面积增加，在粮食价格保持不变或者小幅增加的前提下，农户总体的农业收入会增加，即农业补贴政策对农户农业收入增长有积极影响。

5.2.3.2 农户户主特征变量

年龄较大的农户会将更多的时间和精力放在农业生产上，从而提高粮食产量以及粮食品质，进而增加粮食的收入，而年纪轻，体质好的农户更愿意在农业外获得较高的收入，农业收入在家庭收入中所占的比重呈下降趋势，农户户主掌握越多的农业外就业的劳动技能，就会增加农外就业的时间和程度，从而加大非农领域获取经济收入的比重。

5.2.3.3 家庭特征变量

家庭劳动力数量越多，可能参与非农业就业的可能性就越大，根据非农业就业的整体工资较高的特点，家庭劳动力越多的农户农业收入占家庭总收入的比例就会越低；家庭抚养系数越高的农户参与非农业就业的动力就越大，以便获取更多的经济收入维持家庭开支；非农业收入增加越快，农业收入占家庭收入的比重下降得越多；粮食种植面积越大的农户，农业收入占家庭收入的比重就越大；而对农业依赖程度越高的农户，更有可能以农业生产的收入作为家庭收入的主要来源。

表 5-9 农户粮食产量模型变量的解释说明

变量名称	一级指标	二级指标	指标解释	先验判断
因变量	R = 2012 年农户农业收入占家庭收入比重/2011 年农户农业收入占家庭收入比重			
自变量	补贴政策	补贴收入变动	2012 年的补贴/2011 年的补贴	正向
	农户户主特征	年龄	周岁	
		文化程度	1 = 小学及以下；2 = 初中；3 = 高中或中专；4 = 大专及以上	
		健康状况	1 = 良好，2 = 差	
		非农技能	1 = 具有，2 = 不具有	负向
	家庭特征	家庭劳动力数量	人口数	
		家庭抚养系数	非劳动人口占总人口数	
		非农业劳动人口比例		
		非农业收入变动	2012 年/2011 年（分别用"当年非农收入/当年家庭总收入"来表示分子和分母）	负向
		家庭对粮食生产的依赖程度	1 = 根本不依赖；2 = 不大依赖；3 = 一般；4 = 比较依赖；5 = 很依赖	正向

续表

变量名称	一级指标	二级指标	指标解释	先验判断
自变量	市场状况	粮食作物平均价格变动	2012 年的平均价格/2011 年的平均价格	正向
		经济作物价格变动	2012 年的平均价格/2011 年的平均价格	负向
		非农就业机会	1 = 很容易；2 = 比较容易；3 = 一般；4 = 比较困难；5 = 很困难	负向
		当地机械化水平	1 = 低（人力或畜力为主）；2 = 中等（人力机械各占一半）；3 = 高（机械为主）	

注：①家庭总收入 = 农业收入 + 非农业收入 = 粮食收入 + 经济作物收入 + 非农业收入；②粮食价格 = （小麦价格 + 玉米价格）/2；③经济作物价格——按照农户实际情况整理；④粮食种植面积变动——2012 粮食种植面积/2011 粮食种植面积变动。

5.2.3.4 市场状况变量

粮食市场价格提高的幅度越大，农户家庭中种粮收入就越多，就越有可能提高农业收入占家庭总收入的比例；而经济作物的价格变动对农业收入的贡献更大，因为经济作物的价格往往高于粮价；非农就业机会越多的地区，农户从事非农业生产的倾向性越强，农业收入占家庭收入的比例就越低；当地的机械化水平越高，种植粮食作物的作业强度大大降低，农户可能更愿意种植粮食作物，但也有可能会因为机械使用成本的提高，影响到农户使用机械的积极性，因此，农业机械化程度的影响需要在实证中判断。

农业补贴政策对农户农业收入影响的双对数实证模型构建如下：

$$\ln R_i = b + a_1 \ln X_1 + a_2 \ln X_2 + a_3 \ln X_3 + a_4 \ln X_4 + a_5 \ln X_5 + a_6 \ln X_6 + a_7 X_7 + a_8 X_8 + a_9 \ln X_9 + a_{10} \ln X_{10} + a_{11} \ln X_{11} + a_{12} \ln X_{12} + a_{13} \ln X_{13} + a_{14} \ln X_{14} + a_{15} \ln X_{15} + u$$

(5 - 5)

其中，R_i 作为被解释变量，表示农户 2012 年农业收入占当年家庭总收入比重与 2011 年农业收入占家庭总收入比重的变动情况，R_i = 2012 表示农户农业收入占家庭收入的比重/2011 年农户农业收入占家庭收入的比重。X_1 表示补贴收入变动，用 2012 年的补贴总额（或亩均补贴额）比 2011 年的补贴总额（或亩均补贴额）；X_2 表示年龄；X_3 表示户主文化水平，分为小学及小学以下、初中文化、高中或中专文化、大专及大专以上；X_4 表示户主健康状况，良好或者差；X_5 表示农户户主掌握的非农技能；X_6 表示家庭劳动力数量；X_7 表示家庭抚养系数，即家庭中 65 岁以上的老人和 18 岁以下的未成年人的总和与家庭总人口的比值，对于调查对象是 65 岁以上的老龄农户，本书是将其作为家庭劳动力对待，抚养系数等于 1；X_8 表示非农业劳动人口比例；X_9 表示非农业收入变动；X_{10} 表示粮食种植面积变动；X_{11} 表示家庭对粮食生产的依赖程度；X_{12} 表示粮食作物平均价格变动；X_{13} 表示经济作物价格变动，由于调查地区主要是对小麦和玉米两种粮食作物进行补贴，花生、棉花（滨州沾化除外）在很多调查地区的种植面积较小，没有获得相应补贴，将其作为经济作物处理，即使这样，本书调查的农户中也只有一部分经营经济作物，做整体分析时数据缺失较为严重，因此经济作物价格变动没有进入模型进行分析；X_{14} 表示非农就业机会；X_{15} 表示当地机械化水平。b、a_i 为待估参数，u 为随机扰动项。

5.2.4　数据来源说明

本书所用到的数据来自笔者于 2012 年底和 2013 年初在山东省内组织的抽样调查。根据人均 GDP 值对山东省的 17 个地市排序，按照高、中、低分成三类地区，结合调查的可实施性，选择了 11 个地级市的部分农村地区进行调查。总共得到纯农户样本 56 户，一兼农户样本 54 户，二兼农户样本 72 户，非农户样本 93 户。表 5 – 10 为调查到的纯农户、一兼农户、二兼农户与非农户各个特征变量的均值以及标准差。

表 5 – 10　不同农户各特征变量值比较

特征变量	样本总体		纯农户		一兼农户		二兼农户		非农户	
	均值	标准差	均值	标准差	均值	标准差	均值	标准差	均值	标准差
户主年龄（岁）	48.16	10.341	47.54	10.33	49.37	11.102	49.27	8.834	46.96	10.965
文化程度	1.77	0.739	1.75	0.662	1.80	0.762	1.67	0.688	1.85	0.807
健康状况	1.05	0.212	1.05	0.225	1.04	0.191	1.07	0.254	1.03	0.178
政治面貌	1.11	0.327	1.05	0.225	1.09	0.293	1.15	0.397	1.13	0.337
非农劳动技能	1.60	0.491	1.6	0.495	1.74	0.442	1.62	0.490	1.51	0.503
抚养系数	0.259	0.2146	0.247	0.176	0.25	0.212	0.201	0.193	0.258	0.1857
家庭人口数（人）	4.02	1.302	4.25	1.64	3.74	1.277	3.95	1.053	4.11	1.246

续表

特征变量	样本总体		纯农户		一兼农户		二兼农户		非农户	
	均值	标准差	均值	标准差	均值	标准差	均值	标准差	均值	标准差
2011 年耕地面积（亩）	12.24	19.914	21.07	28.386	18.28	30.697	8.627	4.649	6.17	4.714
种植结构变动	1.08	1.45	0.96	0.266	0.07	0.459	0.99	0.074	1.00	0.059

资料来源：根据调查资料整理。

5.2.5 实证结果分析与比较

将纯农户、一兼农户、二兼农户、非农户的数据依次代入模型（5-5），首先运用 Minitab15 软件对调查到的数据进行逐步回归，筛选出显著性变量，然后进行回归，可以看出不同类型的农户农业收入占家庭收入比重变动受到上述各自变量影响的情况。

5.2.5.1 纯农户农业收入占家庭收入比重变动受农业补贴政策影响的实证分析

本书使用了 Minitab15 软件对调查到的纯农户数据进行了回归分析。表5-11 是利用逐步回归法筛选显著性变量的回归结果。

表 5-11 纯农户农业收入占家庭收入比重变动受农业补贴政策影响的实证分析结果

回归方程为 $R = -0.134 + 0.0166X3 - 0.0129X6 - 0.0120X11 + 0.0376X2 - 0.0917X9 + 0.0109X1$				
自变量	系数	系数标准误	T	P
常量	-0.13429	0.08620	-1.56	0.126
户主文化程度	0.01663*	0.01129	1.47	0.147
家庭劳动力数量	-0.01291	0.01005	-1.29	0.205
家庭对粮食生产的依赖程度	-0.011961*	0.007516	-1.59	0.118
户主年龄	0.03759*	0.02258	1.66	0.102
非农业收入占家庭总收入比例的变动	-0.09170**	0.01508	-6.08	0.000
补贴变动	0.01095	0.01605	0.68	0.498
S = 0.0295361　R - Sq = 53.0%　R - Sq（调整）= 47.4%				

注：*、** 分别表示 15% 和 5% 的显著性水平。

根据模型（5-5）实证结果可以看出：

补贴变动 X_1 对纯农户农业收入占家庭收入比重变动的影响未通过显著性水平检验，影响不显著。纯农户家庭收入来源主要是经济作物的生产与销售，粮食产量较少，因此农业补贴政策调整对纯农户家庭收入的影响不显著。与假设一致。

非农业收入占家庭收入比例的变动变量 X_9 通过 5% 的显著性水平检验，系数为负，说明纯农户非农业收入占家庭收入的比例提高，农业收入将呈减少趋势。

户主年龄变量 X_2、户主文化程度变量 X_3、家庭对粮食生产的依赖程度变量 X_{11} 对纯农户农业收入占家庭收入比重变动的影响通过 15% 的显著性水平检验。

5.2.5.2 一兼农户农业收入占家庭收入比重变动受农业补贴政策影响的实证分析

本书使用了 Minitab15 软件对调查到的一兼农户数据进行了回归分析。表5-12 是利用逐步回归法筛选显著性变量的回归结果。

表5-12 一兼农户农业收入占家庭收入比重变动受农业补贴政策影响的实证分析结果

回归方程为 $R = -0.829 - 0.126X1 + 0.249X2 + 0.153X12 - 0.274X9 - 0.0425X6 - 0.0640X8 + 0.0957X10 - 0.0695X14$

自变量	系数	系数标准误	T	P
常量	-0.8286	0.2363	-3.51	0.001
补贴变动	-0.12570	0.08602	-1.46	0.151
户主年龄	0.24868**	0.06401	3.89	0.000
粮食作物平均价格变动	0.15334**	0.07205	2.13	0.039
非农业收入占家庭收入比例变动	-0.27356**	0.05593	-4.89	0.000
家庭劳动力数量	-0.04247	0.03488	-1.22	0.230
非农业劳动人口比例	-0.06398	0.05387	-1.19	0.241
粮食种植面积变动	0.09574**	0.02932	3.27	0.002
当地非农就业机会	-0.06954*	0.04569	-1.52	0.135

S = 0.0854873　R-Sq = 64.4%　R-Sq（调整）=58.0%

注：*、**分别表示 15% 和 5% 的显著性水平。

根据模型（5-5）实证结果可以看出：

补贴变动 X_1 对一兼农户农业收入占家庭收入比重变动的影响未通过显著性水平检验，影响不显著。

户主年龄变量 X_2、非农业收入占家庭收入比例的变动变量 X_9、粮食种植面

积变动变量 X_{10}、粮食作物平均价格变动变量 X_{12} 均通过 5% 的显著性水平检验。变量 X_9 的影响为负。

当地非农就业机会变量 X_{14} 对一兼农户农业收入占家庭收入比重变动的影响通过 15% 的显著性水平检验，影响为负。表明当地非农就业机会越多，一兼农户家庭农业收入占家庭收入的比例越低，农户参与非农业劳动的积极性越高。

5.2.5.3 二兼农户农业收入占家庭收入比重变动受农业补贴政策影响的实证分析

本书使用了 Minitab15 软件对调查到的二兼农户数据进行了回归分析。表 5 - 13 是利用逐步回归法筛选显著性变量的回归结果。

表 5 - 13 二兼农户农业收入占家庭收入比重变动受农业补贴政策影响的实证分析结果

回归方程为 R = 0.0194 + 0.0586X1 − 0.0785X4 − 0.0526X5 + 0.0710X7 − 0.661X9 + 0.535X10 − 0.0364X11 + 0.783X12 + 0.0460X14

自变量	系数	系数标准误	T	P
常量	0.01937	0.03931	0.49	0.624
补贴变动	0.05858	0.06255	0.94	0.353
户主健康状况	− 0.07854 *	0.05314	− 1.48	0.144
户主掌握的非农业劳动技能	− 0.05262 **	0.02895	− 1.82	0.074
家庭抚养系数	0.07101	0.04776	1.49	0.142
非农业收入占家庭收入比例变动	− 0.66138 ***	0.07054	− 9.38	0.000
粮食种植面积变动	0.5346 ***	0.1087	4.92	0.000
家庭对粮食生产的依赖程度	− 0.03640	0.02639	− 1.38	0.173
粮食作物平均价格变动	0.7832 ***	0.1757	4.46	0.000
当地非农就业机会	0.04604 ***	0.02242	2.05	0.044

S = 0.0732089   R − Sq = 74.8%   R − Sq（调整）=71.2%

注：*、**、*** 分别表示 15%、10% 和 5% 的显著性水平。

根据模型(5 - 5)实证结果可以看出：

补贴变动 X_1 对二兼农户农业收入占家庭收入比重变动的影响未通过显著性水平检验，影响不显著。

非农业收入占家庭收入比例变动变量 X_9、粮食种植面积变动变量 X_{10}、粮食作物平均价格变动变量 X_{12}、当地非农就业机会变量 X_{14} 通过 5% 的显著性水平检验。

户主掌握的非农业劳动技能变量 X_5 对二兼农户农业收入占家庭收入比重变动的影响通过 10% 的显著性水平检验。

户主健康状况变量 X_4 对二兼农户农业收入占家庭收入比重变动的影响通过 15% 的显著性水平检验。

5.2.5.4　非农户农业收入占家庭收入比重变动受农业补贴政策影响的实证分析

本书使用了 Minitab15 软件对调查到的非农户数据进行了回归分析。表 5 - 14 是利用逐步回归法筛选显著性变量的回归结果。

根据模型（5 - 5）实证结果可以看出：

补贴变动 X_1 对非农户农业收入占家庭收入比重变动的影响未通过显著性水平检验，影响不显著。

户主年龄变量 X_2、户主文化程度变量 X_3、户主掌握的非农业劳动技能变量 X_5、家庭劳动力数量变量 X_6、非农业收入占家庭收入的变动变量 X_9、粮食作物平均价格变动变量 X_{12} 均通过 5% 的显著性水平检验，粮食种植面积变动变量 X_{10} 对非农户农业收入占家庭收入比重变动的影响通过 10% 的显著性水平检验，非农业劳动人口比例变量 X_8 对非农户农业收入占家庭收入比重变动的影响通过 15% 的显著性水平检验。

表 5 - 14　非农户农业收入占家庭收入比重变动受农业补贴政策影响的实证分析结果

回归方程为 R = - 1. 02 + 0. 0067X1 + 0. 219X2 + 0. 143X3 - 0. 137X4 + 0. 104X5 + 0. 115X6 + 0. 105X8 - 1. 15X9 + 0. 509X10 + 0. 977X12

自变量	系数	系数标准误	T	P
常量	- 1. 0160	0. 2809	- 3. 62	0. 001
补贴变动	0. 00668	0. 08560	0. 08	0. 938
户主年龄	0. 21947 ***	0. 07504	2. 92	0. 004
户主文化程度	0. 14320 ***	0. 03979	3. 60	0. 001
户主健康状况	- 0. 1366	0. 1221	- 1. 12	0. 266
户主掌握的非农业劳动技能	0. 10410 ***	0. 04725	2. 20	0. 030
家庭劳动力数量	0. 11502 ***	0. 05603	2. 05	0. 043
非农业劳动人口比例	0. 10549 *	0. 06350	1. 66	0. 101
非农业收入占家庭收入比例变动	- 1. 1503 ***	0. 1162	- 9. 90	0. 000
粮食种植面积变动	0. 5090 **	0. 2912	1. 75	0. 084
粮食作物平均价格变动	0. 9772 ***	0. 4119	2. 37	0. 020

S = 0. 139416　R - Sq = 64. 7%　R - Sq （调整） = 60. 4%

注：*、**、***分别表示 15%、10% 和 5% 的显著性水平。

5.2.5.5 补贴变动对各类农户农业收入占家庭收入比重变动影响程度的比较分析

将包括补贴政策变动在内的各种影响农户农业收入占家庭收入比重变动的因素按照不同类型的情况进行汇总，可以得到如表 5 - 15 所示的统计资料。

表 5 - 15 补贴变动对各类农户农业收入占家庭收入比重变动影响程度的比较

变量显著性情况		纯农户	一兼农户	二兼农户	非农户
补贴变动 X_1		不显著	不显著	不显著	不显著
其他变量 影响情况	5%	$-X_9$	X_2、$-X_9$、X_{10}、X_{12}	$-X_9$、X_{10}、X_{12}、X_{14}	X_2、X_3、X_5、X_6、X_9、X_{12}
	10%			$-X_5$	X_{10}
	15%	X_2、X_3、X_{11}	$-X_{14}$	$-X_4$	X_8

资料来源：根据回归分析结果整理。

从表 5 - 15 的统计结果可以看出，农业补贴额度的变动对各类农户农业收入占家庭收入比例的变动影响不显著，原因是当前的补贴额度只有 120 元，每年上涨的幅度不超过 30 元，补贴数额占家庭总收入的比重很小，在当前农户普遍只占有较少耕地资源的情况下，农户很难扩大耕地的经营面积，这就意味着难以提高农业收入。为了获得更多的经济收入，越来越多的农户选择兼业经营，不断提高非农业收入在家庭总收入中的比重，农业收入在家庭总收入中的比重肯定不高。从统计中我们也发现农户农业收入占家庭总收入的变动情况更多的是受到农户户主特征和市场状况的影响。

在问卷中设计了一道专门调查农户对耕地亩均收入情况进行判断的题目，让农户从主观感觉判断与领取农业补贴之前的年份进行比较，耕地亩均收入是增加、减少还是不变，详细情况的统计见表 5 - 16。

表 5 - 16 各类农户反映的耕地亩均收入变化情况　　　　单位：户，%

亩均收入	纯农户	一兼农户	二兼农户	非农户	合计
减少	9 (16)	3 (6)	0	0	12 (4)
不变	19 (35)	18 (34)	27 (38)	26 (28)	90 (33)
增加	27 (49)	32 (60)	45 (63)	67 (72)	171 (63)
合计	55	53	72	93	273

注：括号内的数字表示选择该选项的农户占该类型农户的比例。

资料来源：根据问卷调查结果统计。

从表 5－16 的统计情况来看，纯农户、一兼农户、二兼农户、非农户中认为耕地亩均收入增加的农户占比都是各个分组里面最高的，而且非农户的比例最高，占到所有被调查到的非农户户数的 72%，其次是二兼农户，占到被调查二兼农户总户数的 63%，再次是一兼农户，占到所有被调查一兼农户数量的 60%，最低的是纯农户，也占到了所有被调查纯农户户数的 49%。而认为耕地亩均收入比发放补贴之前有所减少的农户里面，纯农户的比例最高，其次是一兼农户，二兼农户和非农户的比例为零。从中可以看出现有的补贴政策对二兼农户和非农户的激励效果可能更大，就是说以资金补贴的形式发放种粮补贴，二兼农户和非农户由于都是主要种植粮食，补贴资金就会更多地投入到粮食生产中，而纯农户和一兼农户虽然也重视农业生产，而且重视程度更高，但是由于种植结构的差异，真正用于粮食生产的政府补贴资金可能并不多。当然，也不能完全肯定这种结论，需要进一步对补贴资金的使用方向进行调查，但是由于补贴的额度难以抵消农业生产的资金投入，所以就无法真正衡量资金的使用效率。很多农户反映自己花在农业生产上的资金远超过农业补贴数额，需要厘清的是种植结构多样化的农户是如何使用补贴资金的，是否全部使用在粮食生产中。

5.3 基于补贴影响视角下的不同农户产出水平提高分析

5.3.1 补贴政策对纯农户产出水平影响结果汇总与分析

从表 5－17 的统计结果可以看出，补贴政策对纯农户的粮食产量和农业收入占家庭收入的比重影响不显著。扩大纯农户的粮食种植面积是有效提高粮食产量的方式，而提高农户户主的文化水平对农户增加农业收入的比重有利。因此农业补贴政策应在提高纯农户的知识水平和鼓励农户扩大经营规模方面给予纯农户支持，这也与当前鼓励农业经营规模化、重视农业科技推广的政策一致。

表 5-17 补贴政策对纯农户产出水平影响结果汇总

纯农户		粮食产量变化	农业收入占家庭收入的比重变动
补贴的影响		不显著	不显著
其他具有显著影响的因素	5%显著	X_{10}、X_{11}	$-X_9$
	10%显著		
	15%显著		X_2、X_3、X_{11}

注：变量前面的"-"表示该变量的影响方向。

资料来源：根据前文计算结果汇总。

5.3.2 补贴政策对一兼农户产出水平影响结果汇总与分析

从表 5-18 的统计结果可以看出，补贴政策对一兼农户的产出水平影响不显著，一兼农户家庭的粮食产量受粮食价格变化、家庭非农业收入等因素的影响，补贴政策要通过提高粮食收购价格、创造更多的就业机会间接影响一兼农户的粮食产出。提高粮食作物的收购价格、扩大一兼农户的粮食种植面积有利于提高一兼农户农业收入占家庭总收入的比重。当地非农就业机会对农户农业收入的影响是负向的，通过提供更多的非农就业机会可以帮助农户实现家庭收入结构的改变。

表 5-18 补贴政策对一兼农户产出水平影响结果汇总

一兼农户		粮食产量变化	农业收入占家庭收入的比重变动
补贴的影响		不显著	不显著
其他具有显著影响的因素	5%显著	X_2、X_{12}	X_2、$-X_9$、X_{10}、X_{12}
	10%显著	X_9	
	15%显著	X_{11}	$-X_{14}$

注：变量前面的"-"表示该变量的影响方向。

资料来源：根据前文计算结果汇总。

5.3.3 补贴政策对二兼农户产出水平影响结果汇总与分析

从表 5-19 的统计结果可以看出，二兼农户的粮食产量变化受到补贴政策的显著影响，此外还受到耕地面积大小的影响，加大对二兼农户的农业补贴力度、扩大耕地面积可以增加二兼农户的粮食产量。在粮食产量提高的同时提高粮食作物的价格，可以促进二兼农户家庭农业收入的增长。而提高二兼农户的非农业劳动技能可以促使二兼农户在农业领域外稳定就业，补贴政策要通过提高二兼农户的非农就业技能、提供各项流转土地之后的保障措施解决二兼农户放弃耕地的顾虑。

表 5 - 19　补贴政策对二兼农户产出水平影响结果汇总

二兼农户		粮食产量变化	农业收入占家庭收入的比重变动
补贴的影响		5% 显著　系数 0.376	不显著
其他具有显著影响的因素	5% 显著	X_{10}	X_9、X_{10}、X_{12}、X_{14}
	10% 显著		$-X_5$
	15% 显著		$-X_4$

注：变量前面的"-"表示该变量的影响方向。

资料来源：根据前文计算结果汇总。

5.3.4　补贴政策对非农户产出水平影响结果汇总与分析

从表 5 - 20 的统计结果可以看出，补贴政策对非农户的粮食产量变化影响在 10% 的水平上显著，但对提高非农户农业收入占家庭收入的比重不显著。由于非农户自身家庭经济结构的特点，补贴政策应该探索如何帮助非农户高效利用土地的模式，积极开展土地流转，集中经营、委托种粮大户代管等业务。

表 5 - 20　补贴政策对非农户产出水平影响结果汇总

非农户		粮食产量变化	农业收入占家庭收入的比重变动
补贴的影响		10% 显著　系数 0.143	不显著
其他具有显著影响的因素	5% 显著	X_{10}	X_2、X_3、X_5、X_6、$-X_9$、X_{12}
	10% 显著	X_8	X_{10}
	15% 显著		X_8

注：变量前面的"-"表示该变量的影响方向。

资料来源：根据前文计算结果汇总。

6 农业补贴政策对不同农户生产决策影响的模拟研究

农业补贴政策的实施是为了提高粮食产量保障国家粮食安全，同时增加农户家庭收入。本章根据山东省各地区当前种粮农户的实际经营情况，采用数学规划方法构建种粮农户的生产规划模型，选取不同类型的种粮农户，通过对现阶段农业补贴政策的实施标准、农业生产资料价格、粮食市场价格、劳动力价格上涨、土地规模等做模拟调整，考察农业补贴政策在不同条件下对不同类型种粮农户生产决策的影响，为完善种粮农户农业补贴政策提供科学的依据。

6.1 模拟研究思路

农户的经济活动是经济、技术、自然环境、国家政策以及多种影响因素综合作用的结果。农业补贴政策通过影响农户的经营行为以达到最终的政策目的，为研究农业补贴政策对农户种植决策行为的影响，本章运用农业经济研究中普遍运用的数学规划方法（申潞玲等，1995；钟甫宁等，2004；陆文聪，2005；曹彦军等，2008；吴连翠，2011；洪燕真，2011；我国生猪补贴政策绩效评估中长期跟踪研究课题组结题报告，2012）构建农户种粮决策行为模型模拟政策情景，根据模拟情景中种粮农户行为的变化来对四类农户做比较研究，以全面客观评价农业补贴政策，为进一步完善农业补贴政策提供思路。本书借鉴了吴连翠（2011）的研究模型，但与之前研究不同的是，本书没有按照地域或者规模构建"典型农户"，而是延续前面几章的分类方法，构建纯农户、一兼农户、二兼农户、非农户的典型代表，通过模拟政策变动，分析农户的行为变化。

6.2 模型假设与结构

6.2.1 模型假设

为了科学模拟农业补贴政策对种粮农户决策行为的影响并进行科学评价，本研究是在以下假设条件中分析不同类型的种粮农户如何在农业补贴政策影响下对种植行为进行优化的。

假设一：种粮农户是理性农户，以追求家庭经济收入最大化为目的，有充分的支配自家生产资料的权利，在农业生产技术没有显著进步的情况下，农户是自由支配家庭内部的各种生产资源，从而实现家庭收入最大化。

假设二：单个农户家庭所掌握的生产资源是有限的。一定时期内，农户拥有的生产资源的总量是一定的，种粮农户从事不同经济活动所使用的各种生产要素存在相互竞争。

假设三：种粮农户面临的农产品市场是完全竞争市场。种粮农户是粮食价格的被动接受者，只能对粮食市场价格、化肥、农药等生产资料价格以及当地劳动雇工价格做出反应而不能改变；同时假设种粮农户对市场信息是完全把握的，能够清楚地了解粮食种植行业以外其他经济活动的就业、经济收入等情况。

6.2.2 模型构建

6.2.2.1 农户收入函数

由于调查的样本农户家庭主要是进行种植业生产和参加非农业劳动两种形式，只有一户农户家庭是专业养殖户。这里界定的农户家庭收入包括农户家庭的农业收入和农户家庭成员从事非农业劳动获得的收入，其中农业收入包括粮食作物的种植收入、经济作物的种植收入以及种植粮食作物获得的农业补贴收入，非农业收入用农户家庭成员参与非农业劳动的时间乘以当地的平均工资率来表示。

农户家庭总收入＝非农业收入＋种粮收入＋经济作物收入－粮食生产成本－经济作物生产成本＋补贴收入。

$$\max R = \sum T_{ni}w_{ni} + \sum A_j Q_j (P_j - C_j) + SA_g \qquad (6-1)$$

其中，R 表示家庭总收入；T_{ni} 表示家庭中的第 i 个成员参加非农业劳动的时间；w_{ni} 表示第 i 个成员参加非农业劳动的日平均工资数；A_j 表示第 j 种农作物的种植面积；Q_j 表示第 j 种农作物的亩产量；P_j 表示第 j 种农作物的价格；C_j 表示第 j 种农作物单位产量的成本；S 表示亩均农业补贴额度；A_g 表示获得农业补贴的粮食作物的总面积。

6.2.2.2 模型的约束条件

（1）劳动时间的约束，农户成员个体的农业劳动时间与从事非农业劳动的时间之和不超过其总体劳动时间，这里偏重于对农户户主及其配偶的劳动时间进行统计。

$$\sum T_{ni} + \sum T_{fj} \leqslant T_{all} \qquad (6-2)$$

其中，T_{fj} 表示第 j 种农作物花费的总的农业劳动时间；T_{all} 表示农户家庭全年的劳动时间。专业户的劳动时间主要是在粮食作物与经济作物之间分配，而兼业户的劳动时间是在农业劳动时间和打工时间之间分配，要根据具体家庭的情况进行处理。

（2）耕地面积约束，年度内的各种粮食种植面积与经济作物种植面积之和不会超过农户家庭的总耕地面积与复种指数的乘积，单一作物的种植面积也不会超过家庭耕地的总面积。即：

$$\sum A_j \leqslant mA_{all} \qquad (6-3)$$

$$A_j \leqslant A_{all} \qquad (6-4)$$

其中，A_{all} 表示农户家庭总的种植面积；m 为复种指数。山东地区的农作物复种指数根据农户的种植品种差异而有区别，种植花生的耕地复种指数为 1，种植小麦和玉米的耕地复种指数为 2，玉米和大蒜轮作的复种指数是 2；如果是油菜、西瓜、玉米轮作，则耕地的复种指数为 3；蔬菜专业种植户的复种指数受到收获作物的时间差异、有无套种、是否提前育秧后移栽等因素的影响，农户之间的差异会更大，复种指数的变动范围在 1～4。

（3）资本投入约束，农户家庭的各种农业生产资本投入不能超过农户家庭从农业生产中获得的收入，单一作物的生产成本也要小于该作物的正常生产收益，即：

$$\sum A_j P_j Q_j > C_{all} \tag{6-5}$$

$$P_j > C_j \tag{6-6}$$

式（6-5）中，C_{all} 表示农户家庭农业生产的总成本。

（4）农业生产习惯约束，在农户耕地面积不发生变动的前提下，农户家庭连续进行的农业生产项目在耕地面积上，后面作物的生产面积不超过前面作物的生产面积（西爱琴，2006）。用计算式表示为：

$$A_{粮后} + A_{经后} \leqslant A_{粮前} + A_{经前} \tag{6-7}$$

其中，$A_{粮后}$、$A_{经后}$ 分别表示紧接前面种植的粮食作物和经济作物的面积；$A_{粮前}$、$A_{经前}$ 分别表示前面种植的粮食作物和经济作物的面积，该约束条件体现了农户最大程度应用家庭耕地资源的理性决策。

本书调查地区的主要种植作物种植习惯见图6-1。

月份	10	11	12	1	2	3	4	5	6	7	8	9
小麦												
玉米												
花生												
油菜												
西瓜												
蔬菜												

图6-1 调查地区的主要种植作物种植习惯

资料来源：根据实地调查情况整理。

从该地区耕作习惯来看，以纯农户为例说明作物种植面积满足的多项条件：

小麦种植面积 + 油菜种植面积 + 休耕面积 < 总耕地面积；

西瓜种植面积 < 油菜种植面积 + 休耕面积；

花生种植面积 < 休耕面积；

玉米种植面积 < 小麦种植面积 + 西瓜种植面积；

蔬菜种植面积 < 小麦种植面积 + 西瓜种植面积；

蔬菜种植面积 > 玉米种植面积；

油菜种植面积 > 小麦种植面积；

一年中所有种植作物的面积 < 家庭耕地面积 × 纯农户家庭的复种指数。

（5）粮食分配情况的约束，进入调查样本的农户或多或少都会种植粮食作物首先满足自给，若有剩余才会出售，由于近几年政府加大了对良种的宣传和供应力度，加上良种补贴措施的推行，农户采用的良种基本都是从种子流通部门购买的良种，不再自己预留下一年度生产所需的种子。

$$\sum A_i Q_i \geq kQ_k + \sum Q_{sj} \qquad (6-8)$$

其中，Q_k 表示家庭成员年均粮食消耗量；Q_{sj} 表示第 j 种粮食作物的实际销售数量；k 表示家庭成员的个数。

（6）经营多样化的客观要求。我国农户历来有通过多种经营分散农业经营风险的习惯，因此，单一作物的种植面积不会过大或者过小，面积过大（超过60%）容易加大风险，而面积太小（小于5%）又不符合经营的适度规模效应，不同农户习惯将多种作物的种植面积控制在一定范围之内（王健、顾培亮，2003）。

6.2.2.3 基础数据

为了运行上文构建的模型，了解农户生产决策在模拟政策情境下的变化趋势，我们对所有调查农户的年龄、文化程度、健康状况、非农技能、家庭劳动力数量、抚养系数、非农业收入等农户户主个人和家庭情况方面的基础信息进行了分组统计；同时对家庭耕地面积、粮食种植面积、粮食价格、粮食产量、生产资料投入的数量、农业劳动时间、农业收入等生产资料情况、经济行为数据进行了分析。其中，部分农作物的价格、产量情况也参考了全国农村固定观察点调查数据汇编（2000~2009）的相关资料。

6.2.2.4 政策情景设置

在设置政策情景时，笔者参考了钱贵霞（2005）；西爱琴（2006）；王姣、肖海峰（2006）；曹倩（2010）；吴连翠（2011）对于此类问题的设定，同时紧密结合前面两章对农户生产经营行为、产出水平影响因素的分析结果，最终选择补贴标准变化、粮食作物价格变动、生产资料价格变动、劳动力价格变动、土地经营规模变动五个政策情景来模拟分析不同类型的农户粮食产量和家庭总收入的变化情况。具体的变动幅度结合调查地区的实际情况设定。种粮农户补贴政策执行环境模拟说明见表6-1。

政策1：提高种粮农户农业补贴政策的补贴水平。前些年种粮农户生产粮食的积极性受挫，粮食产量一度受到严重影响，随着2004年全面推行直补种粮农户的政策，各地才不断加大对粮农的补贴力度。在做问卷调查时，不少农户反映补贴的水平太低，不足以影响到自家的生产经营决策。因此，本书对种粮农户的补贴水平做适当提高以考察种粮农户种粮行为决策的变化。补贴变动幅度参考山东地区近年来农业补贴上涨幅度制定，采用每年变动的平均值来表示，每亩地的补贴额包括种粮直补、良种补贴和综合补贴三项。因此计算出来的补贴提高的平均幅度是16%。

政策2：粮食市场价格变化情景。粮食价格的变动直接会影响农户的生产收入，粮食价格的变动对农户生产行为的影响较大，本书调查了2006年以来山东地区大宗粮食作物的平均销售价格变化情况，最后设置粮食价格变动6%的情景对此进行分析。

政策3：生产资料价格变化情景。化肥、农药、种子、地膜等农业生产资料的价格涨幅较大，尤其是化肥的价格变化最快，对农户农业生产投入的影响极大，很多农户反映化肥的价格过高。为此，本书对农业生产成本做提升假设研究，考察补贴政策在生产资料价格上涨以及非农业收入增加的情况下对种粮农户行为的影响，调查山东省近年来的化肥、农药、种子、地膜等生产资料的变动情况，平均总体涨幅在15%。

政策4：劳动力价格变化情景。与生产资料价格上涨相对应的是劳动力的价格上涨，除使用机械作业外，种粮农户根据农业生产的需要，尤其在农忙时会雇用劳动力帮助从事农业生产，当雇用的劳动力价格上涨时，对农户家庭的农业生产总成本产生影响，本书根据近年来农村劳动力市场的变化情况，拟定农业劳动力的价格上涨10%，观察劳动力价格上涨情况，各类农户的生产经营决策变化情况。

政策5：耕地面积变动情景。近几年，中央一号文件明确提出，农业补贴政策向种粮大户、专业大户倾斜，鼓励规模经营，但受制于耕地总量的限制，种粮农户难以快速扩大耕地规模，土地流转的规模较小。本书设置平均耕地规模增加2亩来对不同农户的生产经营决策和粮食产量情况进行分析。

表 6 - 1   种粮农户补贴政策执行环境模拟说明

政策环境模拟	情景 1	情景 2	情景 3	情景 4
补贴标准提高 16%	√	√	√	√
粮食价格上涨 6%		√		
生产资料价格上涨 15%			√	
劳动力价格上涨 10%			√	
土地经营规模扩大 2 亩				√

资料来源：笔者根据调查资料整理和设计。

6.2.3   模拟结果的经济含义

构建农户种粮决策行为规划模型对政策环境的变化模拟具有以下两个方面的经济含义。

第一，种粮农户在不同政策环境下，对短期内的各种既定资源利用情况进行调整，实现家庭各种经营项目的规模的最优组合，模拟分析的意义在于准确分析一个理性的农户在某种政策环境下资源配置的最优化，更大的意义在于分析不同情景下，农户经营行为的具体差异，为指导农户合理分配土地、时间等资源提供了依据。

第二，多种因素的模拟联动比较接近现实情况。体现了种粮农户在复杂多变的政策环境里做出的选择，理清了补贴政策及其组合政策对农户增收增产的作用大小。

6.3   数据情况说明与研究方法

6.3.1   数据说明

6.3.1.1   数据来源

本书使用的数据仍然是根据 2012 年底和 2013 年初进行的问卷调查数据。将前期对农户基本情况调查的资料分类汇总，捏合了纯农户、一兼农户、二兼农户、非农户四个有代表性的农户，以下简称为典型农户。

6.3.1.2　构建方法

依据回收数据的特点，将各组数据的值分别加总，取各类农户数据的均值，从而得出各类农户的典型数据。

6.3.1.3　典型农户基本情况

根据调查的样本资料，依次统计了户主的年龄、文化程度、健康状况、非农劳动技能的掌握情况、家庭劳动力数量、抚养系数、家庭非农业收入、家庭耕地面积、粮食产量、农业生产资料的投入、农业劳动时间、农业收入等信息，各个典型农户的均值见表6-2。

表6-2　不同类型典型农户基本情况

指标/农户类型	纯农户	一兼农户	二兼农户	非农户
户数（户）	55	53	61	53
农户户主的年龄（岁）	52.5	49.4	47.3	45.0
户主文化程度	1.65	1.72	1.77	1.85
户主健康状况	1.05	1.04	1.07	1.03
户主非农劳动技能	1.60	1.74	1.62	1.51
家庭劳动力数量（个）	2.82	2.78	3.12	2.97
抚养系数	0.34	0.25	0.20	0.19
家庭非农业收入（元）	12438.0	20253.2	81511.9	102584.9
家庭耕地面积（亩）	20.76	18.04	11.57	4.72
粮食种植面积（亩）	5.12	10.74	8.76	3.77
复种系数	3	2.7	2.3	2
粮食产量（斤）	4922.73	10862.33	8963.58	4042.68
农业生产资料的投入（元）	20126	17997	11970	5880
人均农业劳动时间（天）	260	235.29	88.75	51.48
人均非农业劳动时间（天）	51.89	74.34	231.20	274.13
日均工资水平（元）	85	98	113	126
农业收入（元）	78032.8	75570.6	23146.7	10867.8
家庭总收入（元）	90470.8	95823.6	104658.6	113452.8
农业收入占家庭总收入比例（%）	86.3	78.9	22.1	9.6

资料来源：根据调查资料统计整理。

（1）典型纯农户样本情况介绍。

典型纯农户的样本数据年龄值为52.5岁；文化程度的均值为1.65，该数值越靠近2则表示农户户主的文化水平越接近初中毕业水平，越靠近1说明户主的学历越接近小学及小学以下水平；健康状况的均值是1.05，按照调查的设计，该数值越接近1，越说明农户户主健康状况良好；户主非农劳动技能变量的值越接近1越说明该农户具有农外就业的技能，接近2说明不具有农业外就业的技能；家庭劳动力数量为2.82个；抚养系数为0.34；纯农户的农业劳动时间均值为520，按照调查问卷的设计，农业劳动时间包括农户户主的农业劳动时间和户主配偶的农业劳动时间，所以人均农业劳动时间为260天，非农业收入占家庭总收入的比重为13.7%，农业收入与粮食产量的比值为15.85，这一比值远高于粮食作物的平均价格，表示农业收入中的很大一部分收入来自经济作物的产出，通过计算粮食产量与耕地面积的比值也可以进行验证，纯农户的粮食产量与耕地面积的比值为237.13，与正常的亩均粮食产量存在较大差距，表明农户家庭的部分耕地没有种植粮食作物。观察55户纯农户的构成情况，其中有44户主要从事经济作物的种植，种植的作物包括西瓜、蔬菜、油菜、花生等，农户的年龄在40~55岁，属于常年经营经济作物的农户。真正种植粮食作物的农户仅有11户，并且这11户以种植粮食为主要收入来源的纯农户的年龄往往较大，不具有经营经济作物的能力，也不想继续承担农业经营的风险，是基于自身条件的一种理性选择。

（2）典型一兼农户样本情况介绍。

典型一兼农户的样本数据年龄为49.4岁，文化程度的均值为1.72，略高于纯农户的文化水平，健康状况的均值为1.04，略优于纯农户，但差距不明显，掌握非农劳动技能的情况均值为1.74，是四类农户中均值最高的，家庭劳动力数量的均值为2.78个，是四类农户中劳动力人数最少的一组，非农业收入占家庭总收入的比重为0.21，符合前文定义的一兼农户特点，一兼农户的农业劳动时间均值为470.58天，按照调查问卷的设计，农业劳动时间包括农户户主的农业劳动时间和户主配偶的农业劳动时间，所以人均农业劳动时间为235.29天，农业收入与粮食产量的比值为6.96，依然高于粮食作物的平均价格，而粮食产量与耕地面积的比值为602.12，表示农户的农业收入构成中有一部分经济作物的收入，但一兼农户种植经济作物的数量占其农业生产的数量低于纯农户家庭经济作物的种植数量与农业生产数量的比值。观察实际获得的53户样本资料，发现其中参与经济作物种植的农户数量为 38 户，但是种植经济作物所获得的收入占家庭农业收入的比值与纯农户相比有所降低。

（3）典型二兼农户样本情况介绍。

总共进入样本的二兼农户数量为 61 户，户主的平均年龄是 47.3 岁，比一兼农户年龄均值小 2.1 岁，文化程度的均值为 1.77，略高于纯农户和一兼农户的文化程度，但还是未接受过完整的初中教育，家庭劳动力的数量为 3.12 个，是四类典型农户中家庭劳动力数量最多的代表农户，非农业收入占家庭总收入的比重为 0.779，农业收入与粮食产量的比值为 2.58，高于粮食的均价，粮食产量与耕地面积的比值为 774.73，表明二兼农户中依然有部分收入来自经济作物，二兼农户的农业劳动时间均值为 177.5 天，按照调查问卷的设计，农业劳动时间包括农户户主的农业劳动时间和户主配偶的农业劳动时间，所以人均农业劳动时间为 88.75 天，观察实际获得的 61 户二兼农户样本，其中有 23 户农户种植蔬菜、油菜、花生等经济作物，油菜种植户达到 11 户。

（4）典型非农户样本情况介绍。

最终进入研究模型的非农户共有 53 户，平均年龄为 45 岁，户主文化程度的均值为 1.85，是四类样本农户里面文化程度最高的，平均耕地面积是 4.72 亩，是四类农户中耕地面积最小的代表农户。非农业收入占家庭总收入的比重为 0.904，农业收入的占比仅有 9.6%，农业收入与粮食产量的比值为 2.69，粮食产量与耕地面积的比值为 856.5，这两个数字基本与粮食价格、粮食作物的平均亩产量相符，表明非农户的种植结构以粮食作物为主。平均农业劳动时间是 103 天，平均到每个家庭成员的农业劳动时间是 51.48 天，基本与现实情况相符。

6.3.1.4 耕作制度选择与相关指标的确定方法

经济作物收益的计算方法是根据作物种植的面积、农户提供的亩产量、市场售价来确定作物的收入。进行成本调查时为了准确核计各种成本，首先了解农户种植该种作物的耕地费、浇水费、化肥种子费用、收割费、农药费、请人帮工费、播种费用等各种细项，然后加总。通过调查 2011 年和 2012 年的实际播种面积、产量、费用情况取平均值。

粮食作物的收益情况计算方法与经济作物的收益情况核算方法相同。

非农收入和农业劳动时间是放在一起调查的，通过询问农户 2011 年、2012年的非农业收入情况，取两年数字的平均值；农业劳动时间采用逐步询问的方式，主要是调查了 2011 年和 2012 年农户主要家庭成员的农业劳动时间，然后加和取平均值。由于纯农户、一兼农户、二兼农户、非农户从事非农业劳动时间的长短存在差异，实际调查获得其非农就业的日均工资水平分别为 85 元、98 元、113 元、126 元。说明从事非农业劳动的时间越长，获得的日均非农业劳动报酬越高。

由于调查样本是在山东省胶州市胶北镇进行，主要种植的粮食作物是小麦和玉米。各种类型农户的耕作习惯相似，粮食作物的种植季节和生长周期相同，每年 10 月种植小麦，来年 5 月收获，生长期在 180 天以上，小麦的亩产量接近 1000 斤，亩均投入为 490 元（种子费用 90 元，播种 60 元，耕地 40 元，化肥 200 元，农药 20 元，收割连同运费 80 元）；然后在耕地上种植玉米，玉米的生长期为 110 ~ 120 天，10 月收获，玉米的亩产量可达 1200 斤，亩均投入为 540 元（种子费用 80 元，播种 20 元，农药 20 元，化肥 300 元，收割 60 元，脱粒加工 60 元）接下来种植的作物是小麦，形成比较稳定的种植模式。

如果是种植油菜，其种植时机与小麦相同，但第二年的 2 月收菜，然后当地的农户会种植西瓜，5 月收获之后再种植玉米，10 月收获。其中油菜的亩均投入在 450 元左右，产量在 5000 ~ 7000 斤/亩，价格在 1 元左右，生长期为 3 ~ 4 个月，集中劳动时间是收菜时期，收获期需要雇用劳动力，每个工时 50 元。

西瓜的生长期为 90 天，生长时间段是每年的 2 ~ 5 月。西瓜的投入成本较高，亩均 2000 元，收入情况与市场价格的关联度极高，均值在 5000 元左右。

花生的产量维持在 600 ~ 800 斤，亩均投入在 700 元左右，每年只能种植一季。

6.3.2 研究方法

本书使用的研究方法是数学规划方法。将所有的被调查农户数据按照纯农户、一兼农户、二兼农户、非农户的标准分成四类，分别构建每一类农户的均值，即形成各种类型农户的典型代表。然后运用求解实证数学规划的软件，得出计算结果。

6.4 不同政策环境下农户生产决策的
模拟结果与比较分析

农户作为理性经济人，在家庭收益最大化目标的指导下，对农业生产、非农业劳动会做出恰当的安排。本章通过模拟各项政策的变化情景，分析比较不同类型农户在劳动力投入、生产资料投入、种植结构、粮食产量、家庭总收入等方面的变化。

为了测量农业补贴政策的绩效，首先必须掌握被调查农户实际得到的补贴金额，其次在数学模型中加入反映政策变化的一系列变量，模拟不同政策情景对种粮农户生产经营行为和产出水平的影响，从而对政策绩效做出客观评价。

2011年，山东省的农业补贴额度为159.45元（种粮直补、农资综合补贴、良种补贴、小麦抗旱补贴几项加和），2012年的农业补贴额度为121元，我们选择2012年为基期数据，通过改变补贴额度、生产资料价格、非农业收入、粮食价格以及金融土地政策，得出不同情景条件下的模拟值，并与基期值进行比较研究，考察现行农业补贴政策对种粮农户生产经营行为的影响。

农户的实际经营情况是根据调查问卷统计的资料汇总计算的农户耕地面积、粮食亩产量、农业劳动时间、农业资本投入情况。基本情况是运用数学规划模型优化的农户最优的耕地面积、粮食亩产量、农业劳动时间、农业资本投入情况。通过设置的不同情景分析不同类型农户上述生产资源的优化配置。

6.4.1 典型纯农户生产决策模拟分析

纯农户主要种植的农作物包括小麦、油菜、西瓜、花生、玉米、蔬菜等品种，作物种植习惯见图6-1，各种作物的生产成本及变动情况见附表1至附表9。现将调查资料按照数学规划模型所要求的数据进行整理，输入规划模型得到表6-3的模拟结果。

表6-3　典型纯农户生产决策模拟结果

纯农户	情景1	情景2	情景3	情景4	基本情况	实际经营情况
粮食种植面积（亩）	5.19	5.19	5.19	5.69	5.19	5.12
非农业劳动时间（天）	530.9	530.9	577.8	514.5	530.9	146.3
农业资本投入（元）	20216	20216	20216	20216	20216	20216
粮食总产量（斤）	5491.02	5491.02	5491.02	6020.02	5491.02	4922.73
家庭总收入（元）	102008.8	102358.8	93086.0	101181.4	101950.4	90470.8

资料来源：根据调查资料和模型计算结果整理。

　　模拟结果显示，经过数学规划方法优化的农户生产行为与实际经营行为有差距，纯农户粮食生产行为的最优方式比实际经营情况有所好转。其中增加幅度较大的是非农业劳动时间由实际经营情况的146.3天增加到530.9天，增幅明显，由此带动家庭收入增加，家庭总收入由实际经营情况的90470.8元增长到101950.4元，增加了11479.6元，涨幅为12.7%；粮食总产量的增加值为568.29斤，涨幅为11.5%。纯农户的粮食种植面积优化之后比实际经营面积增加1.37%。不同政策情景下，纯农户的粮食种植面积、非农业劳动时间、农业资本投入都有所变化，但是变化幅度存在较大差异。基本情况下，农户农业资本投入达到家庭投入的最大值，如果资金量充足，则纯农户实际需要资金45641.7元，高于目前的20216元，家庭总收入达到134852.6元，粮食耕地面积扩大到20.76亩，非农业劳动时间减少到102.17天，表明在资金量充足的情况下，农户需要加大粮食作物的种植面积，增加农业劳动时间。

　　仅在补贴标准提高16%的政策情景下，纯农户的粮食种植面积保持在5.19亩，没有变化；非农业劳动时间530.9天，没有变化；同样的情况也出现在农业资本投入上，维持在20216元，农业投入没有变化主要是受到农业投入资金的紧约束。因此，单纯的农业补贴额度调整，对纯农户的生产行为没有影响。情景1下农户家庭总收入由基本情况下的101950.4元增加到102008.8元，增长58.4元，增幅为0.06%。如果资金量充足，则纯农户实际需要资金45641.7元，高于目前的20216元，家庭总收入达到135027.1元，粮食耕地面积扩大到20.76亩，非农业劳动时间减少到102.17天，表明在资金量充足的情况下，农户需要加大粮食作物的种植面积，增加农业劳动时间。

　　如果在补贴金额增加的同时提高粮食作物价格，纯农户的农业资本投入、粮食种植面积、非农业劳动时间、粮食总产量也没有变化，和情景 1 下的数值保持一致，说明补贴额度的增加幅度、粮食价格的上涨幅度都太小，不足以影响到农户生产决策。但是，情景 2 下纯农户的家庭总收入由基本情况下的 101950.4 元增加到 102358.8 元，增长了 408.4 元，增幅为 0.4%。如果资金量充足，则纯农户实际需要资金 45641.7 元，高于目前的 20216 元，家庭总收入达到 136509.9 元，粮食耕地面积扩大到 20.76 亩，非农业劳动时间减少到 102.17 天，表明在资金量充足的情况下，农户需要加大粮食作物的种植面积，增加农业劳动时间。

如果在补贴标准提高 16% 的同时，农业生产资料的价格上涨 15%、劳动力价格上涨 10%，纯农户非农业劳动时间增加 8.83%，从 530.9 天增加到 577.8 天，实际增长 46.9 天，表明农户在情景 3 下会加大非农业劳动时间。农户的粮食耕种面积、家庭生产投入以及粮食产量均没有变化，家庭收入有了明显减少，由基本情况下的 101950.4 元减少到 930860 元，减少 8864.4 元，幅度为 8.7%，说明农业生产资料价格上涨、劳动力价格上涨对农户家庭收入有重大影响，农户由于受到农业生产投入资金的约束，难以加大资金投入，通过增加非农业就业时间仅能弥补政策情景 3 带来的部分损失。如果资金量充足，则纯农户实际需要资金 52487.96 元，高于目前的 20216 元，家庭总收入达到 123428.3 元，粮食耕地面积扩大到 20.76 亩，非农业劳动时间减少到 102.17 天，表明在资金量充足的情况下，农户需要加大粮食作物的种植面积，增加农业劳动时间。

在补贴额度增加 16%、农户耕地面积扩大 2 亩的模拟政策环境下，纯农户的粮食种植面积增加 9.63%，从基本情况的 5.19 亩增加到 5.69 亩，增加 0.5 亩；非农业劳动时间从 530.9 天减少到 514.5 天，减少的幅度为 3.1%；生产的资金投入没有增加，更多的资源被农户投入到经济作物的生产过程中。值得注意的是，由于受到家庭资金投入总量的约束，土地规模扩大后，虽然粮食产量比基本情景增加 529 斤，但是纯农户家庭的总收入较基本情况有所减少，实际减少 769 元，减幅为 0.75%。如果放开资金约束，使用数学规划方法计算得到纯农户需要的农业生产资金总量为 47856.7 元，远高于目前的 20126 元，而同样变化的是纯农户的非农业劳动时间，不受资金约束时，非农业劳动时间减少到 0.17 天，几乎不再从事非农业劳动，农业劳动时间大幅度增加，粮食种植面积达到 22.76 亩，粮食产量提高到 24910.62 斤，农业产出水平提高非常明显。同样变化的是家庭总收入增加到 137001.6 元，优于现状。

四种模拟情景中，补贴额度与生产资料价格同时变化（情景 3）对纯农户的生产行为影响最大，体现在纯农户的非农业劳动时间和家庭总收入的变化中；其次是耕地规模发生变化（情景4）对纯农户的影响也较大，但是这两种情景对农户家庭总收入的影响均为负向的，主要原因是受制于家庭农业生产投入的约束。情景2比情景1对纯农户的影响要大，表明在补贴增加的同时提高粮食价格对农户家庭总收入的影响更为明显。另外，与实际经营情况相比，四种情境下纯农户家庭总收入中农业收入所占的比例都有所下降，分别是 55.8%、55.9%、47.2%、56.8%，均低于实际经营情况下 86.3% 的比例（纯农户农业收入占家庭收入的比例），由之前的纯农户转变为一兼农户或者是二兼农户，显示出土地资源约束或者资金约束下，纯农户参与非农业生产的客观必然性。

6.4.2 典型一兼农户生产决策模拟分析

　　一兼农户主要种植的农作物与纯农户相同，包括小麦、油菜、西瓜、花生、玉米、蔬菜等品种，作物种植习惯见图 6－1，各种作物的生产成本及变动情况见附表1至附表9。但是由于种植面积占耕地总面积的比例不同、劳动时间和生产资金投入上的差异，两类农户可能在家庭总收入方面存在一定差异。现将调查资料按照数学规划模型所要求的数据进行整理，输入数学规划模型得到表6－4的模拟结果。

表6－4　典型一兼农户生产决策模拟结果

一兼农户	情景1	情景2	情景3	情景4	基本情况	实际经营情况
粮食种植面积（亩）	4.51	4.51	4.51	5.01	4.51	10.74
非农业劳动时间（天）	591.9	591.9	615.4	555.0	591.9	206.7
农业资本投入（元）	17997	17997	17997	17997	17997	17997
粮食产量（斤）	4771.58	4771.58	4771.58	5300.58	4771.58	10862.33
家庭总收入（元）	105588.1	105892.2	98201.44	104450.5	105537.3	95823.75

资料来源：根据调查资料和模型计算结果整理。

　　根据模拟结果，一兼农户的最优粮食种植面积比实际经营情况略小，由10.74 亩减少到4.51 亩，非农业劳动时间从目前的 206.7 天增加到理想状态下的591.9 天，而农业资本投入达到了一兼农户资金投入的极限值。基本情况下的家庭总收入高于实际经营情况下的家庭总收入，数值为 9713.55 元。说明当前一兼农户的最优选择是减少粮食作物的种植面积,增加非农业劳动时间,这样可以增加家庭总收入。如果没有资金约束,一兼农户在基本情景下需要的农业资本投入为42015.8元,家庭总收入达到132691元,粮食种植面积扩大到16.91亩,粮食产量为18979.98斤,非农业劳动时间减少到224.4天。

只是补贴额度发生变化,一兼农户的粮食种植面积、非农业劳动时间、粮食产量情况与基本情况相同,没有变化。农业资本投入依然是达到了家庭农业资本投入的上限。家庭总收入增加50.8元,增幅为0.05%,增长不明显。如果没有资金约束,一兼农户在情景1下需要的农业资本投入为42015.8元,家庭总收入达到132816元,粮食种植面积扩大到16.91亩,粮食产量为18979.98斤,非农业劳动时间减少到224.4天。

若补贴标准提高16%,粮食价格上涨6%,一兼农户的粮食种植面积、非农业劳动时间、粮食产量情况与基本情况、情景1相同,没有变化。农业资本投入依然是达到了家庭农业资本投入的上限。家庭总收入由105537.3元增加到105892.2元,增加354.9元,增幅为0.34%,政策效果略优于情景1。若无资金约束,一兼农户在情景2下需要的农业资本投入为42015.8元,家庭总收入达到134043.9元,粮食种植面积扩大到16.91亩,粮食产量为18979.98斤,非农业劳动时间减少到224.4天。

补贴标准提高16%的同时,农业生产资料的价格和劳动力价格上涨,一兼农户的粮食种植面积、粮食产量依然没有变化;非农业劳动时间从591.9天增加到615.4天,增长3.97%;农业资本投入仍然是达到了家庭农业投入的上限。家庭总收入减少7335.86元,减少幅度为6.95%,此种模拟的政策环境下,一兼农户的家庭总收入变化最大,非农业劳动时间变化幅度次之。如果放开农业资本投入约束,使用实证数学规划方法计算得到,农户农业生产资本投入将达到48318.18元,远高于当期约束值的17997,家庭总收入将达到122578.1元,粮食种植面积为16.91亩,粮食产量扩大到18979.98斤,非农业劳动时间减少到224.4天,明显与有资金约束的情景3存在差别,表明一兼农户在情景3下缺少农业资本投入。

土地规模扩大2亩,一兼农户的粮食种植面积从4.51亩增加到5.01亩,增长11.1%;非农业劳动时间从591.9天缩短到555.0天,减少36.9天,减幅达到6.23%,表明耕地面积扩大之后,一兼农户会将更多的劳动时间投入到农业生产中;农业资本投入为家庭农业投入的上限;由实证规划方法计算出来的农户家庭总收入反而比基本情况有所减少，收入绝对数值减少 1086.8 元，减幅为 1.03%，分析原因主要是一兼农户和纯农户一样，都是受到家庭农业投入资金的限制，无法达到生产的最优组合。如果放开资金约束，使用数学规划方法计算得到一兼农户需要的农业生产资金总量为 44844.4 元，远高于目前的 17997 元，而同样变化的是一兼农户的非农业劳动时间，不受资金约束时，非农业劳动时间减少到 120.1 天，农业劳动时间大幅度增加，粮食种植面积达到 20.4 亩，粮食产量提高到 22328.0 斤，农业产出水平提高明显。同样变化的是家庭总收入，将增加到 134283.4 元，优于现状。

综合以上，影响一兼农户经营决策的四种情景设计，补贴与农业生产资料同时变化（情景 3）的影响大于其他政策情景的影响。模拟计算出来的一兼农户，在四种政策情景下，农业收入占家庭收入的比例分别调整为 45.1%、45.2%、38.6%、47.9%，均低于 78.9%（实际经营情况下一兼农户农业收入占家庭收入的比例），表明一兼农户转变成为二兼农户。

6.4.3 典型二兼农户生产决策模拟分析

二兼农户由于将劳动时间多用于非农业生产，主要种植的农作物包括小麦、花生、玉米等品种，较少种植各种经济作物。作物种植习惯见图 6-1，各种作物的生产成本及变动情况见附表 1 至附表 9。现将调查资料按照数学规划模型所要求的数据进行整理，输入数学规划模型得到表 6-5 的模拟结果。

表 6-5 典型二兼农户生产决策模拟结果

二兼农户	情景 1	情景 2	情景 3	情景 4	基本情况	实际经营情况
粮食种植面积（亩）	10.14	10.14	10.14	13.54	10.14	8.76
非农业劳动时间（天）	963.9	963.9	963.9	952.1	963.9	721.3
农业资本投入（元）	9789.46	9789.46	11257.87	11753.46	9789.46	11970
粮食产量（斤）	10894.72	10894.72	10894.72	14548.72	10894.72	8963.58
家庭总收入（元）	127394.6	128093.5	125631.4	128578.1	127296.5	104658.62

资料来源：根据调查资料和模型计算结果整理。

由模型计算可以看出，基本情况和实际经营情况存在较大的差异。二兼农户的粮食种植面积需要进一步扩大，从目前 8.76 亩的均值增加到 10.14 亩较为合理,非农业劳动时间从 721.3 天增加到 963.9 天,农业资本投入需要减少,从 11970 元减少到 9789.46 元,调整之后的粮食产量增加到 10894.72 斤,增长了 1931.14 斤,增幅为 21.54%,家庭总收入的变化最大,增加 22637.88 元,增幅达到 21.6%。

在情景 1 下,农业补贴额度增加 16%,二兼农户的粮食种植面积、非农业劳动时间、粮食产量均没有变化,农业资本投入达到了农户家庭资金约束的上限。家庭总收入增加了 98.1 元,增加幅度为 0.08%,单纯增加农业补贴对二兼农户家庭农业生产决策的影响不明显。

补贴标准提高的同时粮食价格有所增长,二兼农户的生产行为与情景 1 下的行为没有差别,但是家庭总收入增加了 797 元,增长幅度为 0.63%,政策效果优于情景 1。

如果补贴标准提高 16%,农业生产资料的价格上涨,农业雇用劳动力的价格也随着上涨 10%,二兼农户的农业资本投入将会增加 1468.41 元,增幅为 15.0%,但家庭总收入却减少 1665.1 元,减幅为 1.31%,表明政策情景 3 对二兼农户家庭生产行为有明显的负向影响,生产资料价格与农业雇佣劳动力价格同时上涨抵消了补贴增加给农户带来的实际利益。

在第四种政策环境下,土地规模扩大 2 亩,二兼农户的粮食面积扩大 3.4 亩,增长幅度为 33.5 个百分点;非农业劳动时间的变化是减少 11.8 天,减幅是 1.22%;农业资本投入增加 1964 元,增长幅度是 20.1%。粮食产量增加 3654 斤,增长 33.5%,家庭总收入由基本情况下的 127296.5 元增加到 128578.1 元,增加了 1281.6 元,增幅为 1%。

因此,对二兼农户影响最大的政策是农业劳动力价格的变化以及农业生产资料的变化,即使补贴增长但是雇用劳动力的工资提高,农户在粮食生产中减少的资源大于其他情景的变化幅度。另外,补贴额度与耕地面积同向变化时,对二兼农户生产行为的影响明显大于情景 1 和情景 2 的影响,说明二兼农户对耕地面积扩大较为敏感,而且扩大的耕地主要用于粮食生产。二兼农户在四种政策情境下,农业收入占家庭总收入的比例分别为 15.5%、15.0%、13.3%、16.3%,均低于之前的 22.1%(实际经营情况下二兼农户农业收入占家庭收入的比例),说明二兼农户在四种模拟政策情景下转变成非农户。

6.4.4 典型非农户生产决策模拟分析

非农户由于也是将劳动时间多用于非农业生产，主要种植的农作物同二兼农户类似，主要包括小麦、花生、玉米等品种，很少种植各种经济作物。作物种植习惯见图6-1，各种作物的生产成本及变动情况见附表1至附表9。现将调查资料按照数学规划模型所要求的数据进行整理，输入数学规划模型得到表6-6的模拟结果。

表6-6　典型非农户生产决策模拟结果

非农户	情景1	情景2	情景3	情景4	基本情况	实际经营情况
粮食种植面积（亩）	3.84	3.84	3.84	7.04	3.84	3.77
非农业劳动时间（天）	970.1	970.1	970.1	958.4	970.1	814.2
农业资本投入（元）	3959.16	3959.16	4553.03	5875.68	3959.16	5880
粮食产量（斤）	4111.16	4111.16	4111.16	7564.64	4111.16	4042.68
家庭总收入（元）	129862.7	130126.4	129148.9	131011.3	129825.5	113452.77

资料来源：根据调查资料和模型计算结果整理。

通过将非农户的基本情况与实际经营情况进行对比，非农户在农业生产中的粮食种植面积应增加0.07亩，农业资本投入应该减少1920.84元，非农业劳动时间增加155.9天，以获得家庭最大的经济收入，比实际经营情况增加16372.73元。

在具体的四种政策情景下，非农户的粮食种植面积、非农业劳动时间、农业资本投入、家庭总收入情况均变动很小，即按照目前标准模拟的几种政策情景对非农户的影响不大。具体比较发现，政策情景4对非农户的生产行为影响是四种政策情景下影响最大的。说明有粮食生产过程占用非农户的劳动时间较少，农户更加倾向于将增加的土地用于生产粮食。非农户在四种模拟的政策情景下，农业收入占家庭总收入的比例分别为5.87%、6.06%、5.35%、7.83%，均低于实际经营情况下非农户农业收入占家庭总收入的比值（9.6%）。

6.5 进一步的比较研究

上文对不同模拟情境下的纯农户、一兼农户、二兼农户以及非农户的生产经营行为、农户产出水平进行了分析，本节将对同一模拟政策下的不同农户的生产行为、产出水平进行比较。

6.5.1 模拟情景 1 下不同农户生产决策比较

补贴标准提高 16%，四类典型农户的粮食种植面积、非农业劳动时间、农业资本投入、粮食总产量、家庭总收入与基本情况的比较见表 6－7。

表 6－7 情景 1 下的不同农户生产决策比较

情景 1	纯农户	一兼农户	二兼农户	非农户
与基本情况相比，粮食种植面积的变动幅度	0	0	0	0
与基本情况相比，非农业劳动时间变动幅度	0	0	0	0
与基本情况相比，农业资本投入的变动幅度	0	0	0	0
与基本情况相比，粮食总产量的变动幅度	0	0	0	0
与基本情况相比，家庭总收入的变动幅度	0.000573	0.000481	0.000771	0.000287

资料来源：根据表 6－3～表 6－6 的结果汇总。

通过比较发现，补贴提高 16%，各类农户的生产行为均没有变化，表明单纯的补贴政策变化由于变化值太小（补贴增加之前的数量偏小，导致虽然补贴增加的幅度很大，但绝对数值很小，每亩粮食作物仅增加 10 多元），对农户家庭生产行为没有影响。家庭总收入由于受到补贴变动的影响而有所差别，从变化幅度来看，二兼农户 > 纯农户 > 一兼农户 > 非农户。

6.5.2 模拟情景 2 下不同农户生产决策比较

补贴标准若提高 16%，同时粮食作物价格也上涨 6%，四类典型农户的农业资本投入、非农业劳动时间、粮食种植面积与基本情况的比较见表6-8。

表6-8　情景2下的不同农户生产决策比较

情景2	纯农户	一兼农户	二兼农户	非农户
与基本情况相比，粮食种植面积的变动幅度	0	0	0	0
与基本情况相比，非农业劳动时间变动幅度	0	0	0	0
与基本情况相比，农业资本投入的变动幅度	0	0	0	0
与基本情况相比，粮食总产量的变动幅度	0	0	0	0
与基本情况相比，家庭总收入的变动幅度	0.004006	0.003363	0.006261	0.002318

资料来源：根据表6-3~表6-6的结果汇总。

通过比较发现，在情景2下，各类农户的生产行为也没有变化，说明政策力度不够。只有农户家庭总收入方面存在差异，从家庭总收入的变化幅度来看，二兼农户＞纯农户＞一兼农户＞非农户。

6.5.3　模拟情景3下不同农户生产决策比较

补贴标准提高16%，生产资料价格上涨6%，劳动力的价格提高10%，四类典型农户的粮食种植面积、非农业劳动时间、农业资本投入、粮食总产量、家庭总收入与基本情况的比较见表6-9。

表6-9　情景3下的不同农户生产决策比较

情景3	纯农户	一兼农户	二兼农户	非农户
与基本情况相比，粮食种植面积的变动幅度	0	0	0	0
与基本情况相比，非农业劳动时间的变动幅度	0.088341	0.039703	0	0
与基本情况相比，农业资本投入的变动幅度	0	0	0.149999	0.149999
与基本情况相比，粮食总产量的变动幅度	0	0	0	0
与基本情况相比，家庭总收入的变动幅度	-0.08695	-0.06951	-0.01308	-0.00521

资料来源：根据表6-3~表6-6的结果汇总。

四类农户的粮食种植面积、粮食产量在政策情景3下都没有变化。

非农业劳动时间的变动幅度方面，纯农户的变化幅度大于一兼农户，而二兼农户和非农户均没有变化。表明生产成本提高以后，纯农户、一兼农户转而会选择增加非农业劳动时间来获得更多的家庭收入。

农业资本投入的变动幅度方面，二兼农户和非农户的变化幅度一样，但纯农户、一兼农户没有变化。

四类典型农户的家庭总收入均比基本情况有所减少，从减少幅度来看，纯农户＞一兼农户＞二兼农户＞非农户，表明纯农户家庭受政策情景3的影响更大。

6.5.4 模拟情景4下不同农户生产决策比较

补贴标准提高16%，耕地面积扩大2亩，四类典型农户的粮食种植面积、非农业劳动时间、农业资本投入粮食总产量、家庭总收入与基本情况的比较，见表6-10。

表6-10 情景4下的不同农户生产决策比较

情景4	纯农户	一兼农户	二兼农户	非农户
与基本情况相比，粮食种植面积的变动幅度	0.096399	0.110865	0.335306	0.833333
与基本情况相比，非农业劳动时间的变动幅度	-0.03089	-0.06234	-0.01224	-0.01206
与基本情况相比，农业资本投入的变动幅度	0	0	0.200624	0.484072
与基本情况相比，粮食总产量的变动幅度	0.096399	0.110865	0.335392	0.840026
与基本情况相比，家庭总收入的变动幅度	-0.00754	-0.0103	0.010068	0.009134

资料来源：根据表6-3~表6-6的结果汇总。

粮食种植面积的变动幅度，增长幅度最大的是非农户，其次是二兼农户，然后是一兼农户，最小的是纯农户。

非农业劳动时间的变动幅度方面，一兼农户＞纯农户＞二兼农户＞非农户。

农业资本投入的变动幅度方面，一兼农户＞二兼农户＞纯农户，非农户与纯农户一样，变化幅度为0。

粮食总产量的变动幅度，非农户＞二兼农户＞一兼农户＞纯农户。

家庭总收入的变动幅度，一兼农户＞二兼农户＞非农户＞纯农户，但纯农户、一兼农户的家庭收入比起基本情况有所减少。

7 农户分类补贴的国际经验及启示

农业补贴在国外非常普遍，种类也非常多。很多国家实施农业补贴政策要比我国早几十年，该政策已经成为提高农户家庭收入，增加农产品国际竞争力的重要政策，在稳定粮食生产面积、提高种粮农户生产积极性、发挥农业生产多功能性等方面也起到了巨大作用。本章着重对国外农户分类补贴的一些做法进行考察，对一些常见农户补贴政策未作说明。

7.1 国外实施农户分类补贴政策的背景

农户分类补贴并未被列为单独政策推行，而是和其他的农业补贴政策一道实施，只是分类补贴的政策倾向有不断加强的趋势，显示了政府希望实现农业生产的既定目标，这些分类补贴政策的实施有着较为鲜明的背景。

7.1.1 不同农户之间分化加剧

Joachim von Braun（2005）认为小农户现在处于一个关键时期，各国需要制定出积极的公共政策使他们可以成为经济发展潜在的贡献者，并着力解决小农户[①]贫困化的普遍现象。表7-1显示，世界农业的分化发展越来越明显，如何消除不同农户群体的生产方式差异以及由此产生的日益拉大的收入差距，成为各国

---

① 由于缺乏可比的资料，作者倾向于以收入的多少为基础来定义小农户。

政府在制定相关农业公共政策时思考的问题，尤其是实施农业补贴政策时，怎样做到补贴发放的针对性和目标可达性成为重点。

表7-1　世界农业分支：程式化事实

农业领域	强势的	弱势的
农场规模	大型	小型
农业生态	可持续的	不可持续的
技术	使用先进科学	与科学联系很少
市场	整合的	分割的
涉农企业	竞争的	非竞争的
消费者	富裕	贫困
直接受影响者数量	少	多

资料来源：Joachim von Braun（2003）。

分类补贴政策重视对农村弱势群体的保护与支持，对缩小贫富分化、地位分化等有着积极的作用。

7.1.2　不同国家农户耕地数量的差异

1990年联合国粮农组织在世界农业普查中指出，中等收入国家或高收入国家农户经营的耕地面积在近几十年里不断扩大，而发展中国家的农户经营面积在缩小（见表7-2），土地小规模经营的情况更加突出，世界上平均规模最小的农场大多数出现在亚洲和非洲，这些趋势的出现和当地的土地政策、农业和非农就业的工资率有关，不能只用人口密度和土地数量之间的关系来分析，更多地需要考虑就业和市场因素。

表7-2　农场平均值和中间值的变化

国家	调查年份	平均规模（公顷）	平均值变化趋势	规模中间值（公顷）	中间值变化趋势
刚果	1990	0.53	降低	0.76	降低
	1970	1.51		1.80	
埃塞俄比亚	1989/1992	0.80	降低	1.30	降低
	1977	1.43		2.30	

续表

国家	调查年份	平均规模（公顷）	平均值变化趋势	规模中间值（公顷）	中间值变化趋势
印度	1991	1.55	降低	3.40	降低
	1971	2.30		5.50	
菲律宾	1991	2.16	降低	4.30	降低
	1971	3.61		5.40	
巴西	1985	64.64		670	增加
	1970	59.96		520	
美国	1987	186.95	增加	740	增加
	1969	157.61		530	
法国	1989	31.64	增加	52	增加
	1971	22.07		33	
德国	1995	30.26	增加	73	增加
	1971	14.18		20	

资料来源：联合国粮农组织1990年世界农业普查（FAO，1997）。

意识到这些年来农户经营土地规模的变化趋势，更多的国家开始制定有利于土地集中经营的补贴政策，这些政策往往有着鲜明的指向，成为实施分类补贴政策的又一出发点。中高收入阶段工业化国家（地区）农民增收主要经验见表7-3。

表7-3　中高收入阶段工业化国家（地区）农民增收主要经验

国家（地区）	中高收入阶段	补贴农民	土地流转	劳动力转移	合作组织	设施服务
美国	1871~1935年	最低保证价格；休耕补贴	农场土地股份内部转让	自由迁移	援助合作社	农业教育、科研、技术推广体系
德国	1886~1960年	农资价格补贴；投资补贴	土地买卖和出租；零星地块连片成方；资助大农场	鼓励农业劳动力改行或提前退休	注资；资助仓储设施；补贴信贷社利息	资助农民平整和测量土地
日本	1953~1968年	农产品价格保护制度	支持专业户；废除租佃限制	鼓励小农户转向非农产业	免税；固定设施补贴	通过投融资开垦和改良土地

国家 （地区）	中高收入阶段	补贴农民	土地流转	劳动力转移	合作组织	设施服务
韩国	1971～1988年	粮价补贴；农机具补贴；畜产品价格支持；利息补贴	废除土地最高限制和租赁限制	发展农村工业基地、土特产基地和乡村旅游	支持农协提供低息贷款；农协承担政府计划	农业灌溉、耕地整理、修路、电气化、信息技术咨询
中国台湾	1968～1984年	粮价补贴	低息购地贷款；委托经营；专业区	分散化转移；农村非农产业吸收	农产运销协会；保价运销制度	增加公共投资，实施农地重划

资料来源：钟钰，蓝海涛.中高收入阶段农民增收国际经验及中国农民增收趋势〔J〕.中国农业信息，2012（15）：22～23.

7.1.3　农业可持续发展受阻

综观世界上一些国家的补贴办法与目的，实施分类补贴的另外一个原因是整个国家农业可持续发展问题受到了阻碍，农业产业继承人培养问题成为威胁这些国家农业进一步发展的隐忧，这在20世纪六七年代的日本、韩国、法国及中国台湾地区都表现得较为明显，由于城市化进程的加快，工业生产报酬率比农业生产的报酬率要高，导致这些国家的农村劳动力大量流向城市和非农业就业领域，造成农业生产后继无人，高龄农业现象突出，农业劳动力将出现断层。在这种背景之下，很多国家出台了针对培养年轻农业劳动者的补贴措施，同时针对日益严重的农业劳动人口老龄化出台了农业补贴措施，鼓励老年人放弃土地经营、加快土地流转。

7.2　农户分类补贴的做法

7.2.1　针对经济欠发达地区的补贴

7.2.1.1　日本对经济欠发达地区的农户补贴措施

日本于2000年开始对山区、半山区①居民的直接补贴（见表7-4和表7-

---

① 接受补贴的山区、半山区条件是人口密度小；农业生产用地较少，而林业用地较大；耕地的倾斜度较大。

5)，补贴的初衷是改变日本的山区、半山区地带农业人口不断减少、农地大量弃耕、农业脆弱以及由此引起的各种问题。

表7-4 日本山区、半山区直接补贴金额标准

土地类型	生产条件差异的区分	补贴标准（日元/0.1公顷）
稻田	倾斜度1/20以上	21000
	倾斜度1/100~1/20	8000
旱地	坡度15°以上	11500
	坡度8°~15°	3500
草地	坡度15°以上	10600
	坡度8°~15°	3000
	草地比率在70%以上	1500
采草放牧地	坡度15°以上	1000
	坡度8°~15°	300

注：补贴标准中，对于新从事农业的农户以及接受他人条件较差土地来扩大经营规模的农户，稻田补贴标准每0.1公顷再增加1500日元，旱地和草地每0.1公顷再增加500日元。

当然，日本政府对山区、半山区农户的补贴也规定了补贴上限，并不是土地越多，补贴数量就越大，这主要是考虑与周边农户以及非农户的利益平衡问题，防止引起各种不满。农户获得补贴最多是100万日元。

表7-5 日本山区、半山区直接补贴实施状况

年份	村落协议签订状况			实施直接补贴的农用地面积			支付补贴总额（亿日元）
	村落协议（个）	个别协议（个）	合计（个）	补贴对象土地面积（万公顷）	已实施补贴面积（万公顷）	补贴比率（%）	
2000	25621	498	26119	79.8	54.1	68	419
2001	31462	605	32067	78.2	63.2	81	514
2002	32747	629	33376	78.4	65.5	83	538
2003	33137	638	33775	78.3	66.2	85	545
2004	33331	638	33969	78.7	66.5	85	549

资料来源：根据日本农业水产省农村振兴局统计数据计算。

日本政府对于山区、半山区农户的直接补贴考虑了农户生产条件的差异性、新加入农业生产的农户以及扩大耕地规模的农户之间的区别，补贴的发放标准是一个框架性的标准，具体发放数量是针对农户的实际情况展开。另外，为了减少发放手续的烦琐，土地只划分为两个档次，但是应该看到分类补贴体现出对新加入农业生产的劳动者的倾斜以及扩大土地规模农户的政策倾斜。

　　从补贴的效果来看，日本关于山区、半山区农户直接补贴政策的效果是受到肯定的，一份针对 3000 农户的调查显示，85% 的农户认为签订村落协议对农业生产活动有效，在这 85% 的人群中，纳入村落协议的土地规模在 20 公顷以上的有 92.3%，10~20 公顷的有 88.1%，5~10 公顷的有 88.7%，5 公顷以下的有 79.8%，这说明土地规模越大，认为有效果的农户所占比例越高。另外，约 90% 的农户认为政府如果取消直接补贴，他们将可能弃耕现在已经纳入补贴范围的土地，70.5% 的农户会放弃耕作小部分土地，17% 的农户会放弃耕作大部分土地，这说明，目前实施的补贴政策对于维持农户经营土地的积极性起到了重要作用。

　　7.2.1.2　法国对经济欠发达地区农户的补贴措施

　　法国的不发达地区主要是由丘陵地区、山区、高山区和一般落后地区四个部分组成。

　　法国同欧盟其他国家一样，对于不发达地区的补贴很多，主要有干旱山区作物生产补贴、不发达地区特殊补贴。涉及畜牧业圈舍建设补贴、山区农业生产资料补贴、山区奶质量提高补贴、山区畜牧等多方面的补贴品种。

　　法国农业补贴政策通过农业补贴和农业贴息贷款等途径来实现。这些农业补贴政策和补贴机制中都充分体现了法国政府对不发达地区农户的倾斜和支持。

　　法国政府在农业补贴政策中专门制定了对不发达地区的优惠条件，十分重视山区等不发达地区的农村发展，对山区①农业补贴比例进行了提高，统计资料显示，山区农场年经营收入的 73% 来自农业补贴，平原农场则为 50%。

　　以 2000 年法国农业贴息贷款情况为例，农业贴息贷款总额达到 111 亿法郎，其中农业贴息投资贷款是 102 亿法郎，占到 92%，农业负债整理资金为 9 亿法郎，占到 8%。这些贴息贷款保证了法国对不发达地区的农户强有力的政策支持。从表 7-6 可以看出，不发达地区和发达地区在享受补贴政策方面的具体差异。

---

　　① 法国政府将海拔高度在 700 米以上，乡镇土地面积中 80% 的土地坡度超过 20° 的区域确定为山区。全国共有 5 个山区，土地面积占法国国土地面积的 22.8%，人口 7.7%，平均每平方公里 14 人。

表7-6 法国不发达地区和其他地区获取贴息贷款资金的情况比较（2000年）

贴息贷款资金项目	资金总额	不发达地区	其他地区
安置资金中期特别贷款	45亿法郎	贷款利率为2%，贴息贷款年限为15年	贷款利率为3.5%，贴息贷款年限为12年
农业现代化特别贷款	40亿法郎		
青年农户		贷款利率为2%，贴息贷款年限为12年	贷款利率为3.5%，贴息贷款年限为9年
其他贷款者		贷款利率为3%，贴息贷款年限为12年	贷款利率为4%，贴息贷款年限为9年
农业生产资料协作贷款	7.4亿法郎	贷款利率为3%，贴息贷款年限为12年	贷款利率为4%，贴息贷款年限为9年
养殖业特别贷款	7.7亿法郎	贷款利率为4.5%，贷款年限为12年	贷款利率为4.5%，贷款年限为8年
作物栽培特别贷款	1.7亿法郎	贷款利率为4.5%，贷款年限为9年	贷款利率为4.5%，贷款年限为9年

资料来源：刘飞. 法国的农业补贴政策［J］. 全球科技经济瞭望，2002（3）：22.

（1）贷款利率更低。不发达地区安置资金中期特别贷款利率为2%，其他地区为3.5%，低了1.5个百分点；农业现代化特别贷款项目中不发达地区青年农户贷款利率为2%，其他地区为3.5%，低了1.5个百分点，即使以该项目的其他贷款者来进行比较，不发达地区的贷款利率为3%，其他地区为4%，表明法国政府对不发达地区的青年农户和其他贷款者均有政策优惠；不发达地区农业生产资料协作贷款也比其他地区的贷款利率低1%，这些政策措施充分说明了政府对不发达地区的政策倾斜。

（2）贴息贷款年限更长。不发达地区的贴息贷款年限多为12年，有些甚至达到15年之久，为不发达地区农户发展农业生产提供了良好的资金支持。而其他地区的贴息贷款多为9年，超过10年的贷款项目较少。

7.2.2 针对不同群体的补贴

国外农业补贴政策重视对骨干农户和核心农户进行补贴的做法缘于这些国家认识到农业发展可能有后继无人的隐忧，意在增强农业的可持续发展，鼓励更多的年轻人投入到农业生产行业。这些国家中以日本和德国的做法最为典型。

7.2.2.1 日本的骨干农户

日本农业后继不足一方面体现在当前日本农业从业人口老龄化现象十分严重，另一方面则是缺少对农业新人的培养。尽管从 20 世纪 60 年代日本就开始推行以扩大经营规模为目的的农业结构变革，但是近 50 年的实践表明，日本的做法并未取得成功。原因有三：一是农户大量兼业并未完全放弃土地；二是土地价格上涨较快，使得专业农户没有足够的资金来买耕地进行规模经营，同时农户看到了地价的飞速上涨，也不愿意轻易卖出土地；三是日本政府过多地干预了农产品价格，使得小规模农户在农地上的收入增加，惜地情节加重。

日本近年来最重大的农业政策改革是 2005 年政府推行的"跨产品经营安定政策"。政策调整的核心是改变农业补贴的对象，新政策着重对具备一定经营规模的骨干农户和规模较大而且经营规范的农业生产合作组织进行扶持，不再是对所有农户（含小规模兼业农户）进行补贴。依据这一新政策，在各都府县地区拥有 4 公顷以上耕地的农户以及在北海道地区拥有 10 公顷以上土地的农户能够享受政府的农业收入直接补贴政策；新政策对能够获得直接补贴的生产合作组织做出了具体要求，规模必须达到 20 公顷以上，而且生产合作组织内部要求实行统一的销售、核算和分配，减少各种不必要的交易费用，实现收益最大化。如此看来，这一政策将会逐渐诱导小规模兼业农户走上土地集中或者生产合作的发展道路，将对农业生产结构产生重要影响。

7.2.2.2 德国的核心农户

德国实施的分类补贴体现在对德国核心农户的补贴方面。通过对核心农户实施补贴，德国农户数量减少，1949 年联邦德国统计的农户数量为 165 万个，1983 年的统计资料表明，35 年间农户总数量减少 91.7 万个，仅剩 73.3 万个，减幅达到 56%。而同期农户经营规模却得到扩大，从 1949 年平均的 8.06 公顷增加到 1983 年的 16.32 公顷，增加 8.26 公顷，增幅为 102.5%。

德国的核心农户是指生产规模大、使用现代化生产技术的农户，农户有着较强的务农愿望。

（1）扶持生态农业经营型农户。

1）资金补贴。无论是生态农场的数量，还是生态农场发展的速度，德国都排在世界前列。德国非常重视生态效益，为了鼓励农民进行生态农业经营，2002～2005 年，德国政府前后共拿出 5 亿马克资金以发展农业生态耕作。为了保护环境，德国政府把补贴的发放同环境监控结合起来，规定这些生态农业耕作补贴只发放给有利于环境保护的农业生产项目，任何破坏环境的农业生产是无法得到政府补贴的，这一政策有效引导了农户保护环境的积极性。

2）提供专业化服务。德国政府为生态农业型农户提供了全面的技术服务，指导农户施用农家肥增加土壤肥力，用生物方法来防治农作物的病虫害。"德国生态农业种植协会"为从事生态农业经营的农户提供认证，凭借认证，农户可以获得政府补贴，弥补由于避免使用化肥、农药带来的减产损失。

3）为生态农业产品立法，保障生产者的权益，同时可以使消费者放心。政府的这一扶持政策促使生态农产品价格上涨，行情看好，吸引了更多的农户经营生态农业，并且保证了该类农户收入增加。

（2）扩大核心农户的经营规模，增强农户竞争力。

第一，德国政府改善农业结构的最重要措施是土地调整政策，土地调整的费用 2/3 由国家负担，鼓励农户从人口稠密区外迁，政府承担移民搬迁费用的 50%～70%，扩大原居住地农户的土地规模；第二，鼓励一些小农户向农村工副业转移，政府为其提供建立新产业的减息贷款，从而扩大核心农户的经营规模；第三，直接为核心农户提供低息投资贷款，帮助农户将经营规模扩大；第四，鼓励老年农户将自己经营的土地转让或者长期出租，政府改变社会福利政策帮助他们提前退休，农民的退休年龄提前至 58 岁；第五，合理配置农业生产资料，鼓励年龄偏大、身体健康状况不好的农户和耕作技术不高的农户转让耕地，流转种粮大户或者是专业农户；第六，农户子女在继承土地时不允许分割，也就是说土地只能由农户子女中的一人来继承，不能分成多份，从而避免了土地的细碎化，保证规模经营。

（3）采取"土地转让养老金"措施。

德国政府规定出租或者出售耕地年限达到 12 年以上的老年农户，能够享受"土地转让养老金"补偿，这些农户往往都是不适合继续从事农业生产或者已经没有农业劳动的能力，同时年龄也已满 60 周岁，出台该项规定的目的是为了将土地向大农户集中。这项养老金的数量比一般老年农户获得的养老金要多一些，大约多出 175 马克或 115 马克。

7.2.2.3 法国对青年农户的扶持

增加对青年人从事农业所进行的投资补贴，鼓励青年人进入农业行业和从事农业生产。以青年农民安家补贴为例进行说明。

申请条件：没有安家、法国或者欧盟国籍、21~35岁（特殊情况可以放宽到40岁）、具有一定的农业专业证书、1971年以后出生的申请者应该在家庭农场以外的其他农场实习6个月（实习期间每月可以得到250~380欧元的实习补贴，在实习开始时发放其中的50%，3个月后发放剩余部分）。

安家计划准备：拥有省政府发放的6个月实习证明、参加至少40个小时的安家培训、在农村发展中心（ADASEA）的指导下进行安家研究并提出安家计划，向省农林局提交申请。

约束和义务：在1年内成为以农业为第一职业的农民并要求经营农业至少10年内每年向省农林局转交会计报告，接受规定的技术监督及经济和财务监督等。

补贴额：山区为26200欧元，一般不发达地区为16300欧元，其他地区为12600欧元。补贴发放分两个阶段：第一阶段为安家申请批准3个月内发放补贴金额的70%；第二阶段在安家3年后，核准其收入，如果达到地区最低收入并没有超过国家参考收入的140%，省政府会要求农业和农村发展中心（ADASEA）继续发放剩余的30%。如果达不到最低标准可能延迟发放，如果超过国家参考收入的140%，一般要取消剩余部分补贴。

管理：青年安家补贴由国家农业生产结构规划中心管理，该机构负责向农民发放补贴。

从法国对青年农民实施的安家补贴可以看出，法国政府十分重视农业的发展与未来，努力储备和形成农业可持续发展的人才。

7.2.2.4 印度的分类补贴措施

2013年初，美国高级经济学家通过对印度和巴基斯坦农业部门的现状调查发现，印度的农业补贴比巴基斯坦多3倍，印度农业补贴占国民生产总值的比重为5.2%，远高于巴基斯坦的1.2%。2008~2009年，印度发放了共计530亿美元的农业补贴。

美国国际贸易委员会（USITC）指出印度粮食与农业政策机制是这个国家补贴投入最多的地方。印度长期对肥料、灌溉和电力进行补贴。例如，印度不同类型农户的农业用电收费标准存在较大差异，生活在贫困线以下的农户可以免费用电，一般农户可免费使用农业灌溉用电，保证农业生产，而其他方面的用电量则享受政府优惠价。

7.2.3　以扩大土地经营规模为目的的补贴

农户兼业问题在东南亚国家十分普遍，而且高龄农户的大量存在阻碍了农业效率的提升。如何减少高龄农户，吸引更多年轻人参与农业生产是各国发展农业面临的重要议题。

7.2.3.1　韩国退休补贴

农民的退休年龄是 65 岁，韩国政府为了鼓励年满 60 岁的老农提前退休，对这部分年满 60 岁的农民提供直接补贴，补贴标准逐年提高，资料显示，1997 年直接支付是 258 万韩元/公顷，1998 年为 268 万韩元/公顷，1999 年为 268 万韩元/公顷，2000 年为 281 万韩元/公顷，直接支付水平在不断提高，在鼓励老农提前退休的同时考虑到物价上涨对农户的影响，因此这种针对老农的补贴取得了较好的效果。对于年满 65 岁的老农，如果愿意将土地出售或者出租 5 年以上给全职农户，政府将对这些农户实施直接补贴，补贴额度为每月每公顷 25 万韩元，补贴年限为 10 年。

7.2.3.2　法国的做法

法国在促进土地集中的过程中，对转让土地的农民承诺 35 年的预备年金，作为其终身养老；对购买土地的大农户，实施无息或低息贷款，并实行免税登记。

7.2.3.3　日本的做法

日本近年来实行的农业补贴新政策也有这样的倾向，改变对所有农户的普遍补贴，倾向对一定生产经营规模和特定的组织进行扶持，逼迫小规模兼业农户逐渐出让自己的土地，从而为扩大农业经营规模，实现农业规模经济创造条件。

要求符合支持对象的农户，必须遵守国家规定的环境保护规范，得到补贴的农地必须作为农业用地使用。

7.2.4　注重农业补贴与环保结合

长期加大农业补贴力度会使农户在土地上的各种投入增加，尤其是化肥和农药的使用量急剧增加，势必对生态环境造成严重破坏。农业补贴政策在帮助农户提高粮食产量，改善收入结构的同时必须注重对农户的环境教育，国外的一些做法值得借鉴。

7.2.4.1 欧盟的农业生态补贴政策

欧盟成员国实施农业生态环境补贴的指导性文件是农业生态环境的最低标准指标体系，该体系是 2003 年出台的。各成员国一方面要根据自己国家的国情，另一方面要按照指标体系规定的最低标准制定出符合本国需要的最低标准指标体系，从而加强对农户的补贴力度。

该政策由奖励机制、惩罚措施和监督评估机制三个方面组成。激励机制是根据农户投入多少而定，农户为农业生态建设投入的资金越多，其可以获得的政府补贴就会越多。惩罚措施是指农户在申领农业生态补贴时必须承诺使用补贴资金可以达到的效果和为了达到该效果而使用的各种措施，如果没有达到预期的效果，将会被减少相关补贴甚至取消补贴。监督评估机制分成成员国自我评估和欧盟检测委员会评估两个方面，各成员国每年要对自己国家的农业生态建设项目进行必要的绩效考评，并形成评估报告，欧盟监测委员会再依据这些评估报告动态管理和监控各个成员国使用农业生态补贴的实际情况，保证补贴资金的使用方向和效果。

欧盟的生态农业补贴政策依靠奖励、惩罚和监督三个方面的措施，收到了较好的政策效果：

（1）农户的农产品质量意识和环保意识得到了加强。

欧盟规定农户可以获得的补贴数量同农户对环境保护的资金投入量密切相关，投入越多，获得的补贴越多。为了获得更多的补贴资金，农户会自觉地加强环境保护，减少环境污染，努力生产高品质的农产品。质量意识和环保意识明显增强。

（2）生态环境得到改善，农产品质量有所提高。

环保意识提高之后，农户在农业生产中开始使用机械除草方式，依靠生物农药和有机肥料进行生产，逐步减少除草剂、农药和化肥的使用量，清洁经营与环保生产的理念深入人心。农作物中化肥、农药的残留量进一步降低。欧盟规定禽畜粪便只有进行无害化处理并且达到相关标准才能得到全额补贴，这样就减少了地表水和地下水受到的污染。

（3）农业发展潜力得到明显提升。

通过培养农户的环保意识、农产品质量意识，农户生产过程中对生态系统的破坏减少，农业生态环境同以往相比得到逐步改善，化肥农药的减量使用以及有机肥料的增加使得土壤中的有机成分增多，土地肥沃程度增加。欧盟国家农业发展正呈现出生态、环保、节能为主要特点的巨大发展潜力。

7.2.4.2 韩国取消对使用杀虫剂和化肥的补贴

20 世纪七八十年代，韩国政府为了提高粮食产量、实现大米的自我生产和供应，对使用化肥和杀虫剂的农户进行了补贴，这一措施使韩国单位面积土地上使用的杀虫剂和化肥量远高于同期其他国家，20 世纪 90 年代初期这一问题已经非常严重。20 世纪 90 年代中期，韩国政府认识到问题的严峻，开始努力扭转这种状况。韩国政府在 1993 年制定了"营养综合管理"和"病虫害综合防治"计划。1997 年，政府开始向使用杀虫剂的农户征收环境保护费，每 500 毫升杀虫剂的收费标准是 6～16 韩元。1996～2005 年，逐步减少化肥补贴，最终在 2005 年彻底取消了化肥施用补贴。通过上述措施，韩国每亩耕地化肥的施用量从 1995 年的 28.3 千克下降到 2005 年的 25.1 千克，减少 3.2 千克；杀虫剂施用量从 2000 年的每亩耕地 0.74 千克降低到 2005 年每亩耕地 0.71 千克，减少 0.03 千克。

7.3 国外农业补贴政策的发展趋势

7.3.1 减少不必要补贴的数量

当然并不是所有国家都是农业补贴政策的坚定拥护者，我们也看到了像新西兰、澳大利亚这样一些没有农业补贴政策，但农业依然得到良好发展的国家。

新西兰不仅对农业不提供任何补贴，而且还征收收入税和商品税，这在发达国家是唯一的一个。但是依托独特的资源优势、技术创新优势、成本和质量优势，新西兰的畜牧业以养殖奶牛为主，绵羊养殖和鹿养殖为辅，具有鲜明的特色；以猕猴桃、葡萄种植为主的果品业，以及以松树（辐射松和花旗松）用材林为主的用材林业，这些产业在世界上具有很强的竞争力，奶制品、猕猴桃、木材、白葡萄酒成为新西兰出口的标志性产品，增长势头依然不减。而国内生产没有比较优势和竞争力的产品如粮食等则主要依赖进口，体现了国际分工的合理性。围绕这些主导产业的发展，新西兰的科技工作者不断创新科技，在牧草品种选育、牲畜良种培育、牧草施肥、轮牧方式、电牧栏、挤奶设备、农产品质量安全信息化系统、奶制品加工技术、猕猴桃品种以及种植技术、葡萄酒品种选育和加工技术、鹿的饲养以及产品加工方面不断创新并引领世界。

1984～1987 年，为了缓解森林退化、过度放牧、杀虫剂和化肥的过度使用等问题，取消所有的行业特权和个人特权，建立一个公平又具有活力的市场经济环境，新西兰的经济改革选择以农业改革为突破口，政府逐步取消了对农业的所有补贴，从根本上转变了农业管理部门的职能和农业科研管理体制。农业服务机构的管理模式发生了根本性的改变，逐步实行公司化改革方式，如咨询服务局原归属农林部，主要为农户提供农业推广服务，经过改革逐步转变成为"用户付费"的市场化服务机构。1995 年，新西兰最大的农业服务性企业 PGGWrightson 公司将该服务机构兼并。再如，新西兰奶品局（New Zealand Dairy Board）已经有 70 多年历史，曾经是新西兰奶业组织体系的核心，承担着行业协会的角色，2001 年与几家大的合作公司合并，取名 Fonterra，成了新西兰最大的奶制品合作集团公司，商业服务机构在新西兰农业中发挥着不可替代的重要作用。农业补贴的取消，使新西兰绵羊的数量、化肥和杀虫剂的使用都大大下降，森林也得到了很好的恢复。

注重产品品质的提升、加强对农产品质量的监管以及对农民合作经营组织的长期扶持最终使新西兰农业在没有补贴的情况下依然保持强劲的竞争力。

从 20 世纪 60 年代逐步减少对农业的补贴，到现在不补贴农业，澳大利亚也尝试着削减农业补贴。政府对农业由过去直接补贴农场主转变为间接的宏观扶持，如对农业环境、农业科研、农业生产和经营者素质提高等的支持。澳大利亚采取的是鼓励竞争的有弹性的农业扶持政策。培育了发达的现代化农业体系，农业产业化农产品加工业以及合作社在这个体系中扮演着很重要的角色。

澳大利亚约有 13.2 万个农场，其中 20% 的大农场生产了 65% 的农产品。养猪场、养鸡场、奶牛场、葡萄园都不同程度地具有高机械化、专业化、产销或产加销一体化的特征。在新南威尔士州，有一家专做葡萄酒的詹姆士庄园。他们的葡萄园栽种了 6 个品种、面积达 6.07 公顷的酿酒葡萄，他们从葡萄园到酒坊再到销售，一体作业、自产自酿自销，每年加工葡萄酒 2.7 万升，有自己的专用商标和品牌。生产、加工、销售都由农户户主来做，他们既是生产者，也是管理者。这种大型或小型的家庭农场是农业产业化经营的重要支点。通过这一支点，农业产业化经营才能延伸开来。

另外，合作社是澳大利亚农业的重要组织形式，也是农业产业化经营的粘连体，在农业经营事务中发挥着重要作用，具有强大的生命力。合作社在澳大利亚畜牧业特别是奶业中有很大话语权。澳大利亚的 6 个州有各自的奶农分会，全国有奶农联合会，代表着奶农的利益，而奶制品商联合会代表奶制品生产商的利益。合作社控制的加工企业加工全国牛奶产量的 75%。澳大利亚的绵羊合作社通过电脑网络拍卖绵羊，农民在计算机中报价订合同，收购商在远程电脑中询价下订单。合作社利用网络为农民提供期货套期保值、远程合同拍卖等业务。

7.3.2　实行补贴瞄准

未来农业发展将与社会的其他产业的融合度更高，对其他的产业依存度提高，农业补贴要瞄准最需要补贴的人群和项目，提高补贴的效率。仍以美国为例，表 7-7 统计了 1995~2006 年美国不同农业补贴数额及补贴人数。从人均获得的补贴数额来看，保育补贴的人均变化值不大，而灾害补贴和商品补贴的人均值在某些年份的变化比较明显，如 1998 年、1999 年、2003 年的灾害补贴数额变动较大，商品补贴在 2000 年前后的人均额度也比较高，反映了政府补贴政策的灵活应对机制。

表 7-7　1995~2006 年美国不同农业补贴数额及补贴人数

单位：万美元，万人，美元

年份	保育补贴			灾害补贴			商品补贴		
	金额	人数	人均	金额	人数	人均	金额	人数	人均
1995	190445	43.29	4399	65797	14.52	4531	467977	102.58	4562
1996	180402	41.41	4356	14762	5.46	2704	532216	135.25	3935
1997	173283	38.71	4476	10594	5.55	1909	561634	133.89	4195
1998	154803	34.74	4456	42394	0.95	44625	1076720	131.26	8203
1999	158429	34.56	4584	2263994	37.09	61041	1772400	137.22	12916
2000	173121	39.96	4332	143648	39.23	3662	2022477	165.65	12209
2001	194584	41.59	4679	240549	39.28	6124	1812697	162.18	11177
2002	199092	42.97	4633	135855	46.92	2895	896900	131.92	6799
2003	202115	44.51	4541	2951005	49.2	59980	1110282	155.69	7131

年份	保育补贴			灾害补贴			商品补贴		
	金额	人数	人均	金额	人数	人均	金额	人数	人均
2004	208404	46.13	4518	54688	8.38	6526	1023455	122.87	8330
2005	189291	45.32	4177	303217	35.61	8515	1622636	126.61	12816
2006	201333	47.47	4241	16604	2.67	6219	1122544	122.33	9176

资料来源：根据 http：//farm. ewg. org/的相关数据整理。

7.4　国外经验启示

7.4.1　加大农业补贴力度，对贫困落后地区有所倾斜

与国外发达国家的农业补贴政策相比，我国户均农业补贴额度太少，难以形成良好的激励效果。学习借鉴美国等发达国家的做法，进一步提高政府补贴在农户家庭收入中的比重。从表7-8可以看出，美国农业补贴占农民总收入的比重在2000年之前呈增长趋势，在2000年以后虽然有所下降，但仍占3%~4%，同期计算的农业补贴占家庭净收入的比重近10年来一直不低于13%。

表7-8　美国政府补贴占农民总收入、净收入的比重 单位：亿美元，%

年份	政府补贴	农民总收入	补贴占总收入比重	农民净收入	补贴占净收入比重
1929	0.0	138.2	0.00	61.5	0.0
1930	0.0	112.0	0.00	42.6	0.0
1940	7.2	106.2	6.81	44.8	16.1
1950	2.8	328.1	0.86	136.3	2.1
1960	7.0	378.9	1.85	112.1	6.3
1970	37.2	551.0	6.75	143.7	25.9
1980	12.9	1479.9	0.87	161.4	8.0
1990	93.0	1885.0	4.93	462.6	20.1

续表

年份	政府补贴	农民总收入	补贴占总收入比重	农民净收入	补贴占净收入比重
2000	232.2	2204.0	10.54	505.7	45.9
2001	224.3	2293.5	9.78	548.7	40.9
2002	124.1	2202.3	5.64	395.9	31.4
2003	165.2	2435.2	6.79	604.6	27.3
2004	129.7	2826.7	4.59	858.0	15.1
2005	244.0	2767.1	8.82	793.4	30.8
2006	157.9	2765.9	5.71	585.1	27.0
2007	119.0	3292.5	3.62	867.8	13.7
2008	124.0	3675.0	3.37	893.2	13.9
2009	113.6	3369.9	3.37	712.2	16.0

资料来源: http: //farm. ewg. org.

综观国外农业补贴政策的实施过程，加强对不发达地区的扶持，促进这些地区农业经济的发展，不断改善民生，是农业补贴政策的重要目标。在保持目前补贴水平的同时，要将补贴增量优先向不发达地区倾斜，通过具体的措施引导和扶持当地产业的发展，带领农户改善生产生活条件是补贴的重要任务。

不发达地区的农户几乎没有在本地农外就业的机会，兼业程度低，土地产出对家庭生计的影响很大。农户更多地依靠土地产出维持生计、改善家庭生活条件，因此农业补贴要因地制宜，为当地农户的发展创造条件。最大限度地发挥补贴的功能。

7.4.2 重视农业的可持续发展

现代农业的可持续发展包含两个要义，一方面减少老龄农户，提高农业资源的使用效率；另一方面注意对年轻农户的培养和扶持，保证农业生产人员的稳定供应。

学习日本、韩国、法国在解决农业人口老龄化方面的经验，探索建立将老龄农户退休补助与土地自愿流转相结合的有效机制，既要解决老龄农户的生计问题，又要做到资源的优化整合，提高农业资源利用率。

近年来，关于未来谁来种地的疑问越来越引起大家的重视，农业补贴政策需要对年轻农户体现出适当的关怀和扶持，帮助这些农户在耕地上实现较好的收入，从而留住人才。要向国外的成功经验学习，为年轻农户创造机会、创设发展平台。

7.4.3 做到补贴与环境和谐发展

农业补贴政策的实行往往为农户加大化肥、农药、杀虫剂的施用提供了各种条件，农户落实农业补贴政策也往往依托加大这些农业生产资料的施用量，极易造成对农业生态系统甚至是整个人类生存环境的破坏，挪威和取消农业补贴之前的新西兰都有过惨痛的教训。因此，要吸取发达国家农业补贴政策的教训，努力发挥农业补贴政策的正面影响，消除对自然环境的不利影响，引导农户依靠科技进步使用良种良法、提高生产效益，倡导绿色低碳生产理念。

7.4.4 提高从业人员素质，注重培养农户的竞争力

从新西兰和澳大利亚等国家对农业补贴政策的态度转变来看，未来农业补贴政策的着力点在于提升农户的综合实力，健全和完善农业发展体系。农业产业的发展依靠高素质的产业队伍和完善的配套体系，即使没有补贴，依然可以重塑具有竞争力的农业。辨识并指导农业生产的中坚力量，加大对从业人员的业务指导与培训，提升农户的竞争力将是农业补贴工作的长期任务。

只有农户自身素质得到提高，适应市场竞争的各种能力增强了才会有健壮的农业体系。届时农户也将不再依靠补贴生活。

7.4.5 将政府的产业主导意志与补贴政策相结合

美国、欧盟等建立起来的农业补贴政策体系，能够很好地支持产业发展，体现了政府的工作意志。如美国联邦政府的农业补贴倾向于大型商场化农场主，农场规模大，农业收入高，得到的政府补贴就多，对于促进农业规模经营具有指导作用。

表7－9显示，虽然获政府补贴的美国商业化农场占全体农场（休闲农场、中等规模农场和商业化农场）的比例只有18.2%，是三类农场中比例最低的，但是这些商业化农场获得的平均补贴额却是最高的，达到了31567美元，中等规模农场是6454美元，占商业化农场平均补贴额的20%，休闲农场的平均补贴额

是 3965 美元，不到商业化农场的 13%，通过这样的倾斜补贴方式鼓励商业化农场的增加，体现了政府发展规模农场的政府意志。

表 7 - 9　2007 年美国不同类型农场的农业补贴分配　　单位：美元,%

	所有农场	休闲农场	中等规模农场	商业化农场
补贴总额	2069346	1330425	532941	205979
平均现金收入	112073	16127	66996	848420
平均政府补贴	3948	1231	3265	23268
占现金总收入比重	3.5	7.6	4.9	2.7
政府补贴农场	834339	412934	269574	151830
比重	100.0	49.5	32.3	18.2
占所有农场比重	40.3	31.0	50.6	73.7
所有政府补贴比重	100.0	20.0	21.3	58.7
项目作物生产比重（除烟草）	100.0	9.0	13.6	77.4
平均总收入	187768	30896	91269	785747
平均政府补贴	9792	3965	6454	31567
占总现金收入比重	5.2	12.8	7.1	4.0
固定直接补贴	4810	876	3126	18502
反周期补贴	1225	231	478	5254
贷款差额补贴	101	8	49	445
牛奶收入损失合约补贴	87	2	62	359
灾害和紧急援助补贴	433	95	362	1475
保育项目补贴	2305	2333	1633	3421
烟草转移项目补贴	354	249	272	784
其他联邦项目补贴	256	47	254	830
州和当地项目补贴	222	123	217	497

资料来源：2007 USDA Agricultural Resource Management Survey.

8 农户分类补贴政策建议

我国的农户补贴政策正处于一个临界拐点，急需变革。

继续延续目前的补贴方式，对广大农户采取无差别的补贴方式不利于调动农户的积极性，而且很多研究表明补贴在调动农户种粮积极性方面发挥的作用越来越小。农业补贴政策演变成农户收入补贴，这与政策出台的初衷相悖。

停止对农户的补贴也不可取，一项政策出台之后不可能即刻废止，尤其是像发放农业补贴这样的益农举措，更需要谨慎对待，因此有人提出农业补贴要从"增加总量、优化存量、用好增量、加强监管"四个方面入手。

既能够调动农户的积极性，又能够降低补贴成本，在本书看来需要辨识种粮农户，增加对种粮农户的补贴，而对不从事粮食生产的农户要有相应的引导措施。这种补贴政策需要综合考虑农户对补贴政策的实际需求、政府的财政支持能力。因此，本章结合前面章节对四类农户生产行为、产出水平受补贴政策影响的显著与否，补贴绩效大小的研究结果，综合考虑农户需求，同时充分借鉴国内外成熟的研究成果，从分类补贴的原则、具体措施以及配套保障机制方面提出政策建议。

8.1 分类补贴原则

农户分类补贴政策需要遵循以下原则。

8.1.1 差异化原则

按照纯农户、一兼农户、二兼农户、非农户占有生产资料和使用生产资料的情况不同，粮食补贴政策应该有所差别。补贴资金应该结合粮食种植面积、销售粮食的数量、粮食作物的品质差异等实际情况发放。

8.1.2 公平原则

不同类型的农户获得的补贴都应该按照分类补贴办法执行，采取公开公示的方式，接受所有农户的监督。公平原则包含两层含义：一是程序公平，农业补贴政策涉及种粮农户的利益，补贴标准（无论是无差异的补贴政策还是差异化的补贴政策）不能由政府部门单方面制定，要充分调研种粮农户的需求，科学制定，得到政策供需双方的平衡点。二是结果公平，分类要全面考虑各种农户的利益，重视农户内部的差异。

8.1.3 补贴方式多样化原则

鉴于农户类型的分化，均一模式的补贴办法已经不适应所有的农户，尤其是希望发展农业生产的农户，囿于资金、技术、土地等多种资源的限制，难以快速发展。通过建立技术支持补贴、生产服务补贴（产前、产中、产后）、粮食销售价格补贴、产品市场推广补贴、粮食生产资料补贴、良种补贴等补贴形式，为种粮农户提供各种支持，在一定程度上满足农户需求，而不囿于资金补贴的方式。

8.1.4 补贴效用最大化原则

微观层面来看，充分考虑现阶段不同类型的农户对补贴资金的使用效率和实际需求额度，支持粮食生产积极性高、产量效益好的农户，实现产能最大化。

宏观层面分析，要实现我国农业可持续发展，从建立粮食生产安全的长效机制考虑，需要培养新型农业经营主体。

补贴效用最大化原则并不违反公平原则，而是在公平原则的前提下鼓励积极从事农业生产的农户得到率先发展，将农业生产作为长期职业、基本职业，成为职业农民①。

8.1.5　尊重客观规律

农户经营情况的差异来自农户分化的背景，补贴政策的制定要考虑到未来我国农业生产主体的变迁。从发达国家的经验来看，兼业作为特定历史条件下的产物，兼业农户的历史命运最终会向职业农户或者是非农户转变，这是一个客观规律；但在农户占有的耕地资源有限的紧约束下，农户兼业是一种值得肯定的理性行为，这也是客观规律，不能横加干预，只能引导。尊重客观规律需要相关部门在制定补贴政策时，既要考虑农户的当前利益又要着眼长远发展。

8.2　具体做法

8.2.1　纯农户补贴方式

纯农户适合采用非货币化补贴方式，根据粮食种植面积占家庭耕地面积的比例给予粮食补贴。如果对纯农户进行资金支持，必须明确补贴资金的使用方向与方式。

由于纯农户重视土地产出效率，农业补贴政策可以在农业技术支持、基础设施建设方面对纯农户进行帮扶。提高非货币化补贴所占的比例，注重对纯农户经营项目的技术指导，减少以粮食补贴名义发放的各种资金，转而以技术支持和市场推广支持为主。长期来看，这种非货币化的补贴方式有利于改善纯农户的经营条件，也有利于提高农户的经营管理水平、技术水平，形成一批有竞争力的新型职业农户。与传统农户、兼业农户不同，新型职业农户、专业农户除了符合农户的一般条件，还必须具备三个条件：①新型职业农户是市场主体。传统农户主要

---

①　职业农民、新型农民等概念的提出是当前新农村建设理论和实践领域的重大创新。新型农民与职业农民的内涵既有区别，也有联系。新型农民是从宏观上提出来的一个概念，强调的是一种身份，而不是一种职业，泛指从事现代农业的农民；而职业农民范围较小，主要是从事农业生产和经营，以获取商业利润为目的的独立群体，是对一种职业的称谓，总的来说，职业农民是新型农民的一个当然范畴。

追求维持生计，而新型职业农户则充分地进入市场，并利用一切可能的选择使报酬最大化，一般具有较大的经营规模和较高的收入水平。②新型职业农户具有高度的稳定性，把务农作为终身职业，而且后继有人。稳定性是农业特点对从业者的基本要求，以区别于对农业的短期行为。③新型职业农户具有高度的社会责任感和现代观念，新型职业农户不仅有文化、懂技术、会经营，还要求其行为对生态、环境、社会和后人承担责任。

按照前文的分类，纯农户可以分成小规模纯农户、种植大户以及以老龄农户为代表的困难型农户。对于小规模纯农户，虽然也是主要依靠农业收入的农户，但当前种植粮食作物的比较收益明显低于经济作物，小规模纯农户在种植结构选择上倾向于种植经济作物和畜禽养殖，粮食生产的积极性不高，粮食补贴政策对纯农户种粮行为的影响较小。本书认为对于小规模纯农户的粮食补贴要和其经营的粮食作物面积占家庭耕地面积的比例结合。种植粮食作物的面积占家庭耕地面积比例越大，补贴标准越高，对于粮食作物产量较低的小规模纯农户也应该进行扶持，但不应该通过粮食补贴政策进行，应单独设计政策扶持机制。

对于种粮大户的补贴一方面应该结合国家推行的相关优惠措施执行，另一方面也应结合种粮大户的需求改变补贴形式。由于受到调查条件的限制，笔者曾经在 2013 年 1 月上旬电话采访过青岛市一部分种粮大户①的经营情况和对补贴政策的看法和建议（见表 8 - 1）。

表 8 - 1　青岛市部分种粮调查大户基本情况汇总

序号	市、区	名称	经营土地面积（亩）	开始经营时间	从事产业	满意度	补贴需求
1	即墨市	孙××	1300	2006 年 6 月	粮食	满意	技术支持
2	胶州市	吕××	360	2000 年	粮食	满意	资金、场地
3	胶州市	高××	350	2007 年 6 月 1 日	土豆、玉米	不满意	资金、机器、土豆补贴
4	胶州市	张××	340	2002 年 7 月	小麦玉米	满意	资金、贷款、场地
5	城阳区	沈××	120	2006 年 8 月	小麦、玉米	满意	加大机械补贴
6	城阳区	郭××	105	2009 年 10 月	有机蔬菜、玉米	不满意	资金，良种
7	胶州市	王××	3000	2003 年	小麦、玉米	满意	机械、场地

资料来源：笔者根据调查整理。

---

① 青岛市种粮大户的联系方式根据青岛市农村土地承包经营权流转信息服务网公布的信息获得。

从补贴需求来看，除资金需求外，种粮大户对场地、机械、技术有很高的需求，这与小规模纯农户有很大的区别。政府可以每年拿出一笔专项资金，用于对骨干农户的农业技术培训。围绕种粮大户生产过程中急需解决的基础设施建设、农机配套等需求进行有针对性的补贴。例如，很多种粮大户反映粮食晾晒场地少、晾晒时间短而且容易受到天气影响，可以由政府部门统一购进一批粮食烘干设备，统一保管，在农忙季节按照补贴价格提供给规模种植户使用（如一次烘干数量超过 30 亩），减少种粮大户在收晒保管粮食过程中的损失；建设一批公共仓储资源，积极为种粮大户提供低价仓储服务；同时运用粮食期货交易市场对粮食进行保值。

对于年纪较大的种粮农户，由于不再适合从事农业生产活动，建议按照中国台湾、日本、韩国的模式，建立退休补贴。对于自愿退出农业经营愿意流转土地的农户，政府部门根据其土地的规模给予适当的退休补贴，保证农户未来的基本生活需要。考虑到耕地是老龄农户生存的重要生产资料，建议将农户补贴政策与农户家庭成员的养老、医疗、保险服务结合，从而加快土地流转进程。

前文分析发现，纯农户由于受到农业生产资金的约束，无法实现在不同模拟政策情景下的生产规模最优化，建议政府在为纯农户提供资金支持时，限定资金的使用方向，加强专项资金的监管力度，保证资金能够全部使用在粮食生产环节中。

8.2.2 一兼农户补贴方式

一兼农户适合加大资金补贴力度，并改善一兼农户在当地的非农就业机会。

根据相关研究对中国农户兼业化的演变趋势分析（高强，1997），我国农户兼业化已经开始进入兼业化中期阶段，这一时期的显著特点是兼业农户成为农业经营的主体（见图 8 - 1）。

一兼农户是重要的商品粮提供者，农业补贴政策应该加强对种粮一兼农户的补贴力度，鼓励一兼农户扩大土地经营规模、改善粮食作物品种，为一兼农户提供粮食收储服务，努力发展愿意扩大粮食面积的农户，逐步完成大部分一兼农户向新型职业农户转变。同时为一兼农户提供非农就业机会，让一兼农户参与非农业就业，提高农户家庭种植粮食作物的面积占家庭耕地面积的比例。

补贴要结合一兼农户粮食生产的产前、产中、产后环节，提供必要的社会化服务，在增加一兼农户粮食种植面积的前提下，帮助农户提高粮食产量。提高农业机械化服务水平。

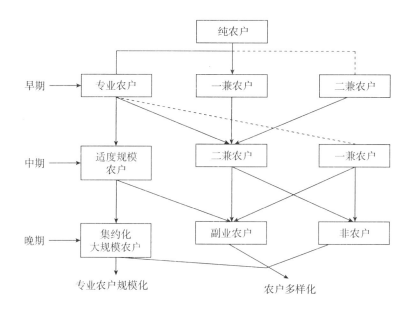

图 8 - 1 农户兼业演变阶段

此外，可以为种植粮食作物的一兼农户提供农业生产资料实物补贴。

8.2.3 二兼农户补贴方式

对于二兼农户的补贴包括两个方向，一是支持农户加快离农速度；二是对继续经营农业的二兼农户提供技术指导补贴和农业生产服务。

二兼农户粮食种植面积占家庭耕地面积比例大，主要原因是二兼农户希望缩短农业劳动时间，腾出更多时间从事非农业。因此，农业补贴对二兼农户的支持重点是引导二兼农户放弃土地经营，完全转入非农业。采取的农业补贴措施是按照二兼农户参与流转的土地数量给予粮食补助或现金补贴、同时代缴各项保险，积极进行非农业生产技能的培训。

对于希望继续经营农业而且农业生产效率较高的农户要根据其粮食商品化的比例，提供必要的农业生产资料支持，加大对其粮食种植技术的指导，介入其粮食生产管理过程，帮助农户提高粮食生产的管理水平，提高产量，重点提高二兼农户粮食生产全程机械化水平。对于经营方式粗放、生产效率较低的二兼农户要进行劝导，鼓励其离开农业。

为了加快土地流转，需要建立土地增值收益分配制度，以现实节点为界，达成政府、流转农户、承包农户三者关于土地预期收益分配的说明。调查发现，很多兼业农户不愿意流转土地，一方面是农户认为土地是其非农就业破产时的一项保障，另一方面是很多农户看到了土地用途改变带来的巨额收益，因此这些农户紧抓土地不放，占而不耕，耕而不精，造成了土地资源的巨大浪费。建议至少建立以村级组织为利益共同体的土地利益分享机制，土地增值收益在村民集体中统一分配。

8.2.4　非农户补贴方式

非农户农业补贴的方式采用少量的农业生产成本补助，主要是依据其粮食商品化程度给予补贴。

非农户从事农业生产的积极性较差，主要是维持家庭食用需要，是土地流转的转出方。为了提高土地的使用效率，应采取公司制经营、耕地代管等方式，鼓励非农户流转土地，在维护好非农户利益的基础上实现非农户向市民的转化。

现行的补贴政策是针对承包土地的农户进行补贴，缺少对土地转出方的补偿机制，建议同时建立非农户的土地流转补贴，加快土地的规模化经营。

8.3　配套机制

8.3.1　改进粮食收购环节

当前，不同类型的农户利用耕地资源的方式不同，对粮食产量的贡献存在差异。分类补贴政策可以根据农户销售粮食的数量和品质给予不同的额度补贴。本书提供以下思路，供政策制定者参考。

当前种粮农户基本可以分为自给型农户和销售型农户，对于自给型农户政府提供的补贴为帮助农户降低生产成本的补贴，而为了鼓励农户多销售粮食，需要同时建立售粮补贴。农户家庭获得的补贴额度为：

$$S = A_{实} \times S_1 \times \mu + \lambda S_2 Q \qquad\qquad (8-1)$$

其中，$A_{实}$ 表示实际的种植面积；S_1 表示每亩粮食作物的补贴标准；μ 表示实际粮食作物种植面积与农户家庭总耕地面积的比值；λ 表示农户家庭出售的粮食作物的品质系数；S_2 表示每单位粮食的补贴标准；Q 表示销售数量。

按照这种方式补贴种粮农户可以加大对实际种粮面积比例高、粮食品质好的农户的支持力度，形成差异化的激励机制，有利于耕地向种粮大户集中，加快土地适度规模化经营速度。

建议加大对种子公司、农技站、科研院所的支持力度，鼓励创新研发优质粮食品种，帮助农户学会先进的种植技术，提高粮食作物产量和质量。

8.3.2 实施差异化的教育培训

从各种因素对不同农户粮食产量以及家庭收入的影响来看，农户户主的文化程度越高，对粮食产量和家庭收入的影响越大，当然对不同农户影响的方向不一样。本书认为，提高农户家庭成员知识水平的重要意义在于，对于希望扩大农业经营范围或者保持现有规模的农户，知识水平提高，其优化利用各种资源的能力增强，有利于增加农业产出；对于希望非农化的农户，掌握更多的知识，特别是在非农领域就业的技能，有利于农户完成身份角色的转变，流转土地。

具体而言，纯农户在获得农业技能培训后，有助于提高产出效率，增加收入。而部分纯农户在掌握了非农劳动技能之后，有可能转变生产经营方式，向一兼农户转变，从前面的分析来看，一兼农户家庭耕地种植粮食作物的比例高于纯农户，因此技能培训对于改善农户家庭收入结构有帮助。

一兼农户接受的非农劳动技能越多，转变成二兼农户或者非农户的可能性就越大，出让或者流转土地的比例提高。

二兼农户接受技能培训有可能有助于非农化，也有可能有利于粮食作物的生产。前者可以促进土地流转集中，间接提高土地的使用效率，而后者直接增加粮食产量。

教育培训的差异化体现在教育产品的多样化上，要采取定期与不定期教育相结合的方式吸引不同类型的农户加入不同的教育项目，完成职业素质提升与兴趣培养。挖掘不同类型农户自我发展的潜力，实现农户之间的良性分化。要充分利用传统课堂教育、田间技术指导、媒体宣传等多种手段进行持续系统的培训。

8.3.3 创造更多非农就业机会

研究发现，为当地农户创造的就业机会越多，农户种植粮食作物的耕地面积就会越大，这是由于工农收益不同、农作物投入产出不同引起的，是农户的理性判断。

非农就业机会的提供要和当地的农业产业化政策结合起来，深度介入农业产品的商品化流程，鼓励不同类型的农户创办各种有利于吸纳农业劳动力的农业生产项目。通过农业补贴资金扶持一批农产品种植、加工、流通企业，形成有竞争力的产业链条，在农业系统内吸纳更多的农村富余劳动力，积极发展农业合作社，为农户提供更多非农就业机会。

8.3.4 提高粮食价格

对不同类型的农户粮食种植的积极性影响最大的就是粮食作物的价格，尤其是对兼业户而言，粮食价格的提高能够引导农户调整粮食作物种植面积。建议稳步提高粮食收购价格，增加种粮农户收入。

要将粮食价格提高同控制粮食生产成本结合起来，防止粮食价格上涨的同时，农业生产资料价格大幅度上涨，限定农业生产资料价格上涨的幅度，保证种粮农户的合理收入。

8.3.5 建立动态补贴机制

农户经营结构的自由转化需要资金和技术的支持，对新加入粮食生产的农户、扩大粮食种植面积的农户、引进先进粮食新品种的种植户要及时调整补贴支持水平，实行动态补贴机制。

对新加入粮食生产行列的农户注重农业生产技术的培训，向农户推荐产量高、品质好的粮食作物品种，主动为农户提供粮食仓储、销售等服务。

对于扩大粮食种植面积的农户要提供土地规模化经营的优惠政策，通过调整、置换等方式促进土地集中、连片经营。为种粮农户进行测土配方、土地改良等服务。

而对于积极引进新品种的农户要提供适当的试种补贴，安排农机站技术人员全程进行技术指导，联系粮食买家，扩宽销售渠道。

8.3.6 建立完善的粮食生产保障机制

一方面，要加快粮食生产用地的机械化水平改造，加强基本农田基础设施修建与维护，将对普遍农户的补贴更多地倾向于从事粮食生产的农户；另一方面，为种粮农户建立各种医疗保险，为可能有流转土地意愿的种粮农户提供必要的保障，为农户经营的粮食作物提供有效的农业保险，建立健全巨灾赔偿机制。

此外，必须尽快建立有效的土地流转机制。从流转土地的使用方式、流转时间、流转价格等方面做出详细规定。保证流转土地的粮食生产性质，延长流转时间，可以提高承包农户在耕地上的各种投入力度；制定合理的流转价格也是对土地发包方和承包方实现双赢的有效保障。

9 主要结论与研究展望

9.1 主要结论

（1）兼业程度差异对农户粮食种植面积与产量有影响。

从种植面积来看，兼业户以及非农户的粮食耕地面积占家庭总耕地面积的比例高于纯农户的粮食耕地面积占家庭总耕地面积的比例。粮食商品化程度也因农户兼业程度不同而存在差异。总体来说，兼业农户粮食商品化程度高于纯农户和非农户的粮食商品化程度。主要原因是兼业农户和纯农户在经营决策方面存在较大差异，纯农户是以农业收入为主要收入来源的农户，在使用耕地资源时考虑的是如何使土地资源的产出价值最大化，基于这一思路，纯农户普遍选择收益较高的经济作物，减少粮食作物的种植面积，而兼业农户和非农户粮食种植面积较大也是一种理性经营行为，来自农户对农业收入和非农业收入的权衡。

（2）兼业农户是粮食生产的重要力量。

调查发现，当前粮食生产的主体是一兼农户和二兼农户。原因在于，纯农户的耕地规模和一兼农户、二兼农户的耕地面积差别不大，单纯依靠种植粮食作物难以满足纯农户家庭需要，因此纯农户中种植经济作物和养殖禽畜的农户比例较高，对粮食作物的种植面积较小。而一兼农户、二兼农户家庭收入中有一部分来自非农业领域，由于粮食作物管理方便，机械化程度高，劳动强度低，为了减少农业生产耗用大量时间，兼业农户普遍种植粮食作物。

（3）农业补贴政策对不同农户生产行为的影响不同。

补贴政策对各类农户的农业劳动时间影响均不显著，农户的农业劳动时间变动更多的是受到当地非农就业机会、农业机械化水平等外在因素以及农户户主健康状况、家庭劳动力数量等内在因素的影响。补贴政策对纯农户农业资金投入变动的影响在5%的水平上显著，对非农户农业资金投入变动的影响在10%的水平上显著，对一兼农户和二兼农户的农业资金投入影响不显著。补贴政策对一兼农户、二兼农户粮食种植面积变动的影响都通过了5%水平的显著性检验，但对纯农户和非农户的影响不显著。

（4）农业补贴政策对不同农户农业产出水平的影响存在差异。

补贴政策变动对二兼农户粮食产量的影响通过了5%的显著性水平检验，对非农户粮食产量的影响通过了10%的显著性水平检验，对纯农户和一兼农户的影响不显著。可能是因为二兼农户和非农户的耕地种植粮食作物的比例高，所以补贴额度的变动对粮食产量影响显著。但补贴政策变动对各类农户农业收入占家庭收入的比例变动影响均不显著。

（5）农业补贴与其他政策联合实行对农户农业生产及产出水平的影响更显著。

单纯的农业补贴政策对各类农户的影响程度小于农业补贴政策与其他政策联合对农户的影响。具体来看，农业补贴额度增加与粮食价格上涨对农户种植粮食行为影响显著，农业补贴增加与扩大土地面积两种政策同时实行对农户的影响也很显著，但是农业补贴政策与农业生产资料价格上涨、农业劳动力价格上涨同时出现时，农户会减少粮食耕种面积、农业劳动时间以及粮食种植的资本投入。

（6）粮食价格、当地非农就业机会是影响农户粮食产量的重要因素。

粮食价格提高，使农户生产粮食的积极性提高。而当地非农就业机会增加，农户参加非农业劳动时间延长，基于缩短农业劳动时间的考虑，种植粮食作物的耕地面积有扩大的趋势。

（7）基于实证研究结果的政策建议。

为了更好地发挥农业补贴资金的效率，对不同类型农户的补贴应有所差异。对经济作物种植面积较大的纯农户应该加强技术指导和市场服务，对种粮大户要加大基础设施投资力度，帮助农户改善农业生产条件，物化各种补贴，形成与具体地块的结合，而对于老龄纯农户要建立退休补贴制度，引导该类农户退出农业生产，同时流转土地。对于一兼农户要加强资金支持，保证农户的粮食种植面积和产量的稳定，为一兼农户提供粮食生产过程中需要的生产资料。二兼农户以及非农户的补贴方向是引导农户离开农业，实现向纯非农户的转变，补贴政策要与社保、医疗等保障制度结合使用，构建二兼农户和非农户离开农业之后的保障体系。

9.2　研究展望

（1）建立更加科学的量表体系。随着综合国力的不断提升、农业领域国际化竞争的加剧以及农业比较收益的不断下降，农业补贴政策将是今后我国农业发展的重要支持政策。如何发挥补贴资金的使用效率将是今后该领域研究的热点和难点，本书提供了一种研究的思路，试图通过实地调查汇总数据，分析数据，鉴于时间和资金的约束，难以在量表制定上有更进一步的优化，今后的研究将以量表的制定、测试、修改、完善为工作起点，增加量表的信度和效度，为之后的分析研究提供可靠保障。

（2）应该加大研究的样本容量。加大样本容量包括横向和纵向两个方面。横向数据是指样本数量的加大，纵向是指建立面板数据，形成连续的分析资料。对调查对象的持续关注将是笔者今后研究的一项重要内容。

（3）应考虑农户所在地区、耕地规模的差异。

本书只是针对山东地区的农户进行了分析，没有考虑农户所在地区的差别、农户经营规模、农户经营结构的差别，仔细区分不同模式下的农户对提高补贴的效率意义重大。

（4）在补贴额度不变的情况下，利用数学规划方法研究补贴按照面积和产量的一定比例进行分配的灵敏度分析，探索如何将面积和产量综合起来考虑优化补贴分配方案的问题。

参考文献

［1］ Adams G. , Westhoff P. , Willott B. , et al. Do "decoupled" payments affect U. S. CROP AREA. Preliminary evidence from 1997 to 2000 ［J］. American Journal of Agricultural Economics, 2001 (835): 1190 – 1195.

［2］ Anton J. Mouel C. J. Do counter – cyclical payments in the 2002 US Farm Act create incentivers to produce ［J］. Agricultural Economics, 2004 (31): 277 – 284.

［3］ Arrow K. , Solow R. , Leamer E. , et al. Report of NOAA Panel on contingent valuations ［A］. In: US Federal Register ［C］. 1993 (10): 4601 – 4614.

［4］ Bhaskar A. , Beghin J. C. Decoupled farm payments and the role of base acreage and yield updating under uncertainty ［J］. American Journalof Agricultural Economics, 2010, 92 (3): 849 – 858.

［5］ Burfisher M. E. , Hopkins J. Decoupled payments: Household income transfers in contemporary U. S. Agricultural Economics Report No. 822 ［J］. Economics Research Service, USDA, Washington DC, 2003.

［6］ El – Osta H. S. , Ahearn M. C. , Mishra A. K. Implications of "decoupled" payments of farm and off – farm labor allocation ［A］. Paper presented at the international conference, agricultural policy reform and the WTO: where are we heading ［C］. 2003: 23 – 26.

［7］ Gary S. Heder. A Theory of Allocation of time ［J］. Economic Journal, 1965 (75): 493 – 517.

［8］ Goodwin B. K. , Mishra A. K. Are "decoupled" farm program payments really decoupled an empirical evaluation ［J］. American Journal of Agricultural Economics, 1989, 71 (4): 960 – 969.

［9］ Peters G. H. , Stanton B. F. Sustainable agricultural development: The role of international cooperation, international association of agricultural economists ［D］. Queen Elizabeth House University of Oxford, 1992.

［10］ Hennessy D. A. The production effects of agricultural income support policies under uncertainty ［J］ . American Journal Agricultural Economics, 1998 （1）: 46 – 57.

［11］ Hennessy T. C. , Rehman T. Assessing the impact of the "decoupling" reform of the common agricultural policy on irish farmers' off – farm labour market participation decisions ［J］ . Journal of Agricultural Economics, 2008, 59 （1）: 41 – 56.

［12］ Howard N. Hanum, lyn Squire. A Model of an Agricultural Household, Theory and Evidance ［J］ . The Johns HopKinS University press, 1979.

［13］ Jan de Graaff, Aad Kessler, Filomena Duarte. Financial consequences of cross – compliance and flat – rate – per – ha subsidies: The case of olive farmers on sloping land ［J］ . Land Use Policy, 2001 （28）: 388 – 394.

［14］ Jayatilleke S. Bandara, Anthony Chisholm, et al. Environmental cost of soil erosion in Sri Lanka: Tax/subsidy policy options ［J］ . Environmental Modelling & Software, 2001 （16）: 497 – 508.

［15］ Konstantinos Galanopoulos. The technical efficiency of transhumance sheep and goat farms and theeffect of EU subsidies: Do small farms benefit more than large farms ［J］. Small Ruminant Research, 2011 （10）: 1 – 7.

［16］ Koundouri P. , Laukanen M. , Myyra S. The effects of EU agricultural policy changes on farmers' risk attitudes ［J］. European Review of Agricultural Economics, 2009 （18）: 1 – 25.

［17］ Kropp J. D. , Whitaker J. B. The impact of decoupled payments on the cost of operating capital ［A］ . Selected paper prepared for presentation at the Agricultural & Applied Economics Association 2009 AAEA & ACCI Annual Meeting, Milwaukee, Wisconsin ［C］ .2009: 26 – 29.

［18］ Button K. J. Urban economics: Theory and policy ［M］ . The Macmillan Press Ltd, 1976 （2） .

［19］ Lee J. E. , Jr. Allocating farm resources between farm and nonfarm uses ［J］. Journal of Farm Economics, 1965, 47 （1）: 83 – 92.

［20］ Mcintosh C. R. , Shogren J. F. Dohlman E. Supply response to countercyclical payments and base acre updating under uncertainty: An experimental study ［J］. American Journal of Agricultural Economics, 2007, 89 (4): 1046 – 1057.

［21］ Mullen K. N. , Chau H. , Gorter D. , et al. The risk reduction effects of direct payments on U. S. wheat production ［J］. Paper Presented at the IATRC Meeting, Washington DC, 2001 (14) .

［22］ OECD. Agricultural policies in OECD countries: At a glance ［Z］ .2008.

［23］ OECD. Decoupling: A conceptual overview ［Z］ . Paris: OECD, 2001a.

［24］ Roche M. J. , MCQuinn K. Riskier product portfolio under direct payments ［J］. European Review of Agricultural Economics, 2004, 31 (2): 111 – 123.

［25］ Sckokai P. , Moro D. Modeling the reforms of the common agricultural policy for arable crops under uncertainty ［J］. American Journal of Agricultural Economics, 2006, 88 (1): 43 – 56.

［26］ Sckokai P. , Anton J. The degree of decoupling of area payments for arable crops ［J］ . European Union American Journal of Agricultural Economics, 2005, 87 (5): 1220 – 1228.

［27］ Sckokai P. , Moro D. Modeling the impact of the CAP single farm payment on farm investment ［J］ . European Review of Agricultural Economics, 2009, 36 (3): 395 – 423.

［28］ Serra T. , Zilberman D. , Goodwin B. K. , et al. Effects of decoupling on the mean and variablility of output ［J］ . European Review of Agricultural Economics, 2006, 33 (3): 269 – 288.

［29］ Tove Christensen, Anders Branth Pedersen, et al. Determinants of farmers' willingness to participate in subsidy schemes for pesticide – free buffer zones – A choice experiment study ［J］. Ecological Economics, 2011 (70): 1558 – 1564.

［30］ Vercammen J. Farm bankruptcy risk as a link between direct payments and agricultural inwestment ［J］. European Review of Agricultural Economics, 2007, 34 (4): 479 – 500.

［31］ Von Braun J. Agricultural economics and distributional effects ［J］. Agricultural Economics, 2010, 32 (S1): 1 – 20.

［32］ Weersink A. , Clark S. , Turvey C. G. , et al. The effect of agricultural policy on farmland values［J］. Land Economics，1999，75（3）：425 – 439.

［33］Young C. E. , Wescott P. C. How decoupled is U. S. agricultural support for major crops［J］. Amercan Journal of Agricultural Economics，2000，82（3）：762 – 767.

［34］R. 阿尔欣，D. 诺思等. 财产权利与制度变迁［M］. 上海：上海人民出版社，1994：15.

［35］A. 恰亚诺夫. 农民经济组织［M］. 萧正洪译. 北京：中央编译出版社，1996.

［36］Joachim von Braun. 全球化及其对小农户的挑战［J］. 南京农业大学学报（社会科学版），2005.

［37］百度文库［EB/OL］. http：//baike. baidu. com/view/86965. htm.

［38］包宗顺译. 亚洲非农化发展研究［M］. 南京：南京大学出版社，1988.

［39］卜范达，韩喜立. "农户经营"内涵的探析［J］. 当代经济研究，2003（9）：39 – 41.

［40］财政部财政科学研究所，山东省国税局课题组. 工业反哺农业的国际经验及其借鉴［R］. 2007.

［41］蔡红东. 农业补贴要重视四个方面［N］. 中华工商时报，2013 – 02 – 18.

［42］蔡培慧. 农业结构转型下的农民分化（1980～2005）［D］. 台北：台湾大学生农学院生物产业传播及发展学系博士学位论文，2009.

［43］曹倩. 我国高等教育收费问题研究［D］. 重庆：重庆工商大学硕士学位论文，2010.

［44］曹彦军，何立霞，柳鹏程，周德翼. 发展油菜籽生物柴油对4种主要农作物的影响［J］. 华中农业大学学报，2008（6）：462 – 466.

［45］陈波，王雅鹏. 湖北省粮食补贴方式改革的调查分析［J］. 经济问题，2006（3）：50 – 52.

［46］陈和午. 农户模型的发展与应用：文献综述［J］. 农业技术经济，2004（3）：2 – 10.

［47］陈建梅. 农业生产资料投入对粮食作物产出影响因素的相关验证分析［J］. 经济研究导刊，2009（23）：32 – 34.

［48］陈建梅. 日本、印度农业补贴政策的经验与启示［J］. 农业经济，2008（3）：42 – 43.

［49］陈明宝．沿海滩涂养殖经营制度演化研究［D］．青岛：中国海洋大学博士学位论文，2012.

［50］陈薇．粮食直接补贴政策的效果评价与改革探讨——对河北省粮食直补试点县的个案分析［J］．农业经济，2006（9）：15－17.

［51］程国强．中国农业补贴：制度设计与政策选择［M］．北京：中国发展出版社，2011.

［52］程娟．农业补贴政策对农户耕地投入的影响研究——基于江汉平原和太湖平原的农户调查［D］．武汉：华中农业大学硕士学位论文，2011.

［53］储备粮［EB/OL］．http：//baike. baidu. com/view/303439. htm.

［54］戴正宗编译．印度：农业补贴超巴基斯坦3倍［N］．中国财经报，2013－01－26.

［55］董启锦．沿海地区农户分化的特征及影响因素研究［D］．青岛：中国海洋大学硕士学位论文，2007.

［56］董召荣，姜长云．农户内在因素对农户类型选择和分化的影响［J］．安徽农业大学学报（社科版），1996（1）：37－40.

［57］杜辉，张美文，陈池波．中国新农业补贴制度的困惑与出路——六年实践的理性反思［J］．中国软科学，2010（7）：1－7.

［58］法国的农业政策［EB/OL］．http：//www. foods1. com/content/370371/.

［59］樊明等．种粮行为与粮食政策［M］．北京：社会科学文献出版社，2011.

［60］樊树志．明清江南市镇的"早期工业化"［J］．复旦学报（社会科学版），2005（4）：60－70.

［61］方晓军．江苏省农村住户经营行为的实证研究［D］．南京：南京农业大学硕士学位论文，2000.

［62］费孝通．志在富民［M］．上海：上海人民出版社，2004.

［63］冯海发，李澄．我国农业为工业化提供资金积累的数量研究［J］．经济研究，1993（9）：60－64.

［64］高强，丁慧媛，李宪宝．沿海地区农业生产效率及变动趋势研究［J］．财经问题研究，2012（12）：10－15.

［65］高强，郭香莲．中国农户兼业化的演变趋势［J］．江西农业经济，1997（3）：5－7.

［66］高强，李宪宝，单哲．农村人力资本存量提升与结构均化关系的实证

研究[J]. 农业技术经济，2010（7）：47-53.

[67] 高强，赵贞. 我国农户兼业化的八大特征[J]. 调研世界，2000（4）：29-31.

[68] 高强. 发达国家农户兼业化的经验及启示[J]. 中国农村经济，1999（9）：77-80.

[69] 高强. 发展中国家农户兼业的启示[J]. 经济与管理研究，2002（4）：57-60.

[70] 高强. 论我国农户兼业化道路的转换[J]. 福建论坛，1998（8）：15-17.

[71] 顾和军. 农民角色分化与农业补贴政策的收入分配效应[D]. 南京：南京农业大学博士学位论文，2008.

[72] 顾和军. 农业补贴政策与农民收入关系的探讨[J]. 山东农业大学学报（社会科学版），2007（2）：85-96.

[73] 关于对种粮补贴政策的思考[EB/OL]. http：//www. jiujiang. gov. cn/fzlt/200810/t20081031_ 91761. htm.

[74] 郭云辉，王红蕾. 粮食直接补贴对象的选择及其实证分析——以安徽省粮食补贴的实地调查为例[J]. 南京农业大学学报（社会科学版），2009，9（4）：35-39.

[75] 国家统计局农村社会经济调查司. 2005 中国农村住户调查年鉴[M]. 北京：中国统计出版社，2005.

[76] 韩伯棠. 管理运筹学[M]. 北京：高等教育出版社，2010：27-34.

[77] 韩洁. 粮食主产区农民收入及其补贴政策研究[D]. 北京：中国农业科学院博士学位论文，2010.

[78] 韩立民，宋仁登. 山东省农村人口状况及其对经济社会影响[J]. 山东大学学报（哲学社会科学版），2012（3）：43-47.

[79] 韩明谟. 农村社会学[M]. 北京：北京大学出版社，2001：31-33.

[80] 郝记秀，周伟，黄浩丰，关宏志. 城市公共交通财政补贴预算模型研究[J]. 交通运输系统工程与信息，2009（4）：11-16.

[81] 何书元，应用时间序列分析[M]. 北京：北京大学出版社，2003.

[82] 贺振华. 农户兼业的一个分析框架[J]. 中国农村观察，2005（1）：2-9.

［83］洪燕真．基于农户经济视角的油茶供给研究［D］.厦门：福建农林大学博士学位论文，2011.

［84］胡放之．我国产业结构演进中工资水平与劳动力配置刍议［J］.市场论坛，2005（8）：63－66.

［85］胡浩，王图展．农户兼业化进程及其对农业生产影响的分析——以江苏省北部农村为例［J］.江海学刊，2003（6）：53－58.

［86］胡继连．中国农户经济行为研究［M］.北京：中国农业出版社，1992：50－70.

［87］胡霞．关于日本山区半山区农业直接补贴政策的考察与分析［J］.中国农村经济，2007（6）：30.

［88］胡运权，郭耀煌．运筹学教程［M］.北京：清华大学出版社，1998：9－65.

［89］黄季焜，王晓兵，智华勇，黄珠容．粮食直补和农资综合补贴对农业生产的影响［J］.农业技术经济，2011（1）：4－12.

［90］黄少安，郭冬梅，吴江．种粮直接补贴政策效应评估［J］.中国农村经济，2019（1）：17－31.

［91］黄宗智．长江三角洲小农家庭与乡村发展［M］.北京：中华书局，2000：8－9.

［92］黄祖辉，钱峰燕．技术进步对我国农民收入的影响及对策分析［J］.中国农村经济，2003（12）．

［93］黄祖辉，宋瑜．对农村妇女外出务工状况的调查与分析——以在杭州市农村务工妇女为例［J］.中国农村经济，2005（9）：33－41.

［94］黄祖辉、胡豹、黄莉莉．谁是农业结构调整的主体？农户行为及决策分析［M］.北京：中国农业出版社，2005.

［95］姜长云．农村非农化过程中的农户、农民分化研究——以安徽省天长市为例［J］.农业现代化研究，1995（6）：365－367.

［96］姜长云．农户类型对经济社会发展的影响——对安徽省天长市农户的问卷分析［J］.乡镇经济，1995（5）：10－12.

［97］进了城还在领种粮补贴［N］.广州日报（AII1财经版），2011－02－15.

［98］景普秋．中国工业化与城镇化互动发展研究［M］.北京：经济科学出版社，2003.

[99] 鞠正江. 略论深化税费改革进程中农村税制的重构[J]. 四川行政学院学报, 2005 (4): 66 - 68.

[100] 康芒斯. 制度经济学[M]. 北京: 商务印书馆, 1997.

[101] 黎红梅, 李波, 唐启源. 南方地区玉米产量的影响因素分析——基于湖南省农户的调查[J]. 中国农村经济, 2010 (7): 87 - 93.

[102] 李录堂. 农户分类管理研究[M]. 西安: 陕西人民出版社, 2001: 11 - 23.

[103] 李明桥, 徐妍. 农业补贴政策与兼业农户家庭生产要素配置研究[J]. 仲恺农业工程学院学报, 2012 (12): 1 - 6.

[104] 李睿琪. 创新型公共租赁住房制度的分类补贴机制研究——以全国首创城市黄石市为例[J]. 湖北师范学院学报 (哲学社会科学版), 2011 (4): 79 - 82.

[105] 李实, 赵人伟. 中国居民收入分配再研究[J]. 经济研究参考, 1999 (4).

[106] 李宪宝, 高强, 单哲. 政府角色、反哺失灵与新农村建设[J]. 农业经济问题, 2011 (9): 57 - 63.

[107] 李宪宝. 沿海地区适度规模现代农业实现路径研究 [D]. 青岛: 中国海洋大学博士学位论文, 2012.

[108] 李晓明, 尹梦丽. 现阶段主产区种粮大户经营状况与发展对策——基于安徽省种粮大户的调查分析 [J]. 农业经济问题, 2008 (10): 21 - 25.

[109] 李延敏. 中国农户借贷行为研究 [D]. 西安: 西北农林科技大学博士学位论文, 2005.

[110] 李玉勤. 杂粮种植农户生产行为分析——以山西省谷子种植农户为例 [J]. 农业技术经济, 2010 (12): 44 - 53.

[111] 梁世夫, 姚惊波. 农业多功能性理论与我国农业补贴政策的改进 [J]. 调研世界, 2008 (4): 17 - 20.

[112] 粮食风险基金 [EB/OL]. http://baike.baidu.com/view/436192.htm.

[113] 列宁. 列宁全集 (第三卷) [M]. 北京: 人民出版社, 1984.

[114] 刘飞. 法国的农业补贴政策[J]. 全球科技经济瞭望, 2002 (3): 22.

[115] 刘继芬. 德国对核心农户的扶持政策[J]. 世界农业, 2005 (8).

[116] 刘进宝, 刘洪. 农业技术进步与农民农业收入增长弱相关分析[J]. 中国农村经济, 2004 (9).

［117］刘克春．粮食生产补贴政策对农户粮食种植决策行为的影响与作用机理分析——以江西省为例［J］．中国农村经济，2010（2）：12 – 21.

［118］刘克春．农户农地流转决策行为研究［D］．杭州：浙江大学博士学位论文，2006.

［119］刘晓展．云南省禄劝县粮食生产函数分析［J］．农业技术经济，1995（2）：40 – 41.

［120］刘忠群，黄金，梁彭勇．金融发展对农民收入增长的影响——来自中国面板数据的再检视［J］．财贸研究，2008（6）.

［121］卢福营，徐勇．论中国农村居民的分化［J］．上海社会科学院学术季刊，1995（3）：141 – 145.

［122］陆文聪，西爱琴．农户农业生产的风险反应：以浙江为例的 MOTAD 模型分析［J］．中国农村经济，2005（12）：68 – 75.

［123］罗必良．农业经济组织的制度结构与经济绩效：一个理论框架及其应用分析［J］．农业经济问题，1999（6）：11 – 15.

［124］马克思．资本论（第一卷）［M］．北京：人民出版社，1975：784.

［125］马晓春，宋莉莉，李先德．韩国农业补贴政策及启示［J］．农业技术经济，2010（7）：122 – 128.

［126］马晓河，蓝海涛，黄汉权．工业反哺农业的国际经验及我国的政策调整思路［J］．管理世界，2005（7）：55 – 63.

［127］毛育刚．中国农业演变之探索［M］．北京：社会科学文献出版社，2001.

［128］牟秉华．外国农业统计［M］．武汉：湖北科学技术出版社，1985.

［129］钮福祥．欠发达地区农户兼业经营行为及其影响因素研究［D］．北京：中国农业大学硕士学位论文，2004.

［130］农业补贴将改为直接补贴［N］．南方日报，2003 – 11 – 07.

［131］农业补贴原理缺陷应当关注［EB/OL］．http：//www. xinnong. com/ news/2012 1220 /1076015. html.

［132］农业部有关负责人：农业"四补贴"力度加大［EB/OL］．农民网，2011 – 8 – 22.

［133］裴叔平，沈立人．苏南工业化道路研究［M］．北京：经济管理出版社，1993.

[134] 七户长生．日本农业的经营问题——现状与发展逻辑［M］.北京：中国农业出版社，1994.

[135] 祁春节等．国际农业产业化的理论与实践［M］.北京：科学出版社，2008.

[136] 钱贵霞，李宁辉．粮食主产区农户最优生产经营规模分析［J］.统计研究，2004（10）：40-43.

[137] 强百发，黄天柱．韩国农业支持政策及其启示［J］.吉林工商学院学报，2008（9）：11-13.

[138] 乔翠霞．国外农业补贴改革比较分析及对我国的启示［J］.理论学刊，2009（2）.

[139] 秦宏，高强，李嘉晓．通过制度变迁推动我国农户分化与农村非农化、城镇化进程［J］.生产力研究，2005（3）：47-49.

[140] 秦宏．沿海地区农户分化之演变及其与非农化、城镇化协调发展研究［D］.西安：西北农林科技大学博士学位论文，2006.

[141] 沙志芳．农村社会结构变迁及农民与市场的关系研究——苏中10村调查［R］.江苏省哲学社会科学界学术大会专题报告，2006.

[142] 山东省2012年中央财政花生良种［EB/OL］.泗水县农业局网站.

[143] 山东省严格落实棉花良种补贴，促进棉花生产稳定发展［EB/OL］.中国棉花信息网，2011-01-04.

[144] 山东投入8700万实施花生良种补贴［EB/OL］.新华网，2011-09-04.

[145] 山西省农科院农业综考所，农村产业分化与农业生产社会化研究课题组．山西农户分化的趋势、特点及成因分析［J］.农业技术经济，1996（6）：33-37.

[146] 申潞玲，刘执鲁，任红燕．农产品生产线性规划动态决策方法与应用研究［J］.农业技术经济，1995（4）：37-41.

[147] 宋洪远．经济体制与农户行为——一个理论分析框架及其对中国农户问题的应用研究［J］.经济研究，1994（8）.

[148] 宋廷山，常博．我国农业投入现状分析及对策建议——基于粮食产量模型［J］.经济与管理评论，2012（1）：96-100.

[149] 孙文华．农户分化：微观机理与实证分析——基于苏中三个样本村705个农户的调查［J］.江海学刊，2008（4）：114-119.

［150］孙云奋，齐春宇．两种补贴对两类粮农种粮收入的影响分析［J］．经济问题，2010（10）：92 – 96.

［151］王广深，侯石安．欧盟农业生态补贴政策的经验及启示［J］．资源与人居环境，2010（8）：54 – 56.

［152］王洪亮．江苏省农民收入增长及差异分析［D］．南京：南京农业大学硕士学位论文，2003.

［153］王健，顾培亮．农业生产风险管理策略的研究［J］．西北农林科技大学学报（社会科学版），2003（5）：34 – 38.

［154］王姣，肖海峰．中国粮食直接补贴政策效果评价［J］．中国农村经济，2006（12）．

［155］王韧．我国农业保险差异化补贴政策研究——基于各省、直辖市、自治区的聚类分析［J］．农村经济，2011（3）：87 – 90.

［156］王思舒，王志刚，钟意．我国农业补贴政策对农产品生产的保护效应研究［J］．经济纵横，2011（4）：59 – 62.

［157］王望．法国农业补贴政策［J］．全球科技经济瞭望，2006（11）．

［158］王裕雄，肖海峰．实证数学规划模型在农业政策分析中的应用——兼与计量经济学的比较［J］．农业技术经济，2012（7）：15 – 21.

［159］王重鸣．心理学研究方法［M］．北京：人民教育出版社，1990.

［160］韦革．我国兼业农户形成的原因及其评价［J］．华中理工大学学报（社会科学版），1998（3）：64 – 67.

［161］韦苇，杨卫军．农业的外部性及补偿研究［J］．西北大学学报（哲学社会科学版），2004，34（1）：148 – 153.

［162］卫新，胡豹，徐萍．浙江省农户生产经营行为特征与差异分析［J］．中国农村经济，2005（10）：49 – 56.

［163］魏津瑜，陈锐，刘曰波．影响我国粮食产量的因素分析及对策研究［J］．中国农机化，2008（5）：56 – 58.

［164］魏伟．进城务工女性已占全部务工人员的40%［EB/OL］．http//www.cctv.com.cn，2004 – 01 – 13.

［165］温涛，冉和光，熊德平．中国金融发展与农民收入增长［J］．经济研究，2005（9）．

［166］翁贞林，朱红根，张月水．稻作经营大户合同售粮行为的影响因素分

析——基于江西省滨湖地区 492 个样本大户的调查[J]. 中国农村经济，2009（6）：27 - 36.

[167] 翁贞林. 农户理论与应用研究进展与述评[J]. 农业经济问题，2008（8）：23.

[168] 吴连翠，陆文聪. 基于农户模型的粮食补贴政策绩效模拟研究[J]. 中国农业大学学报，2011（16）：171 - 177.

[169] 吴连翠. 基于农户生产行为视角的粮食补贴政策绩效研究[D]. 杭州：浙江大学博士学位论文，2011.

[170] 吴睿. 法国农业支持政策的演变及启示[J]. 中共济南市委党校学报，2006（3）：20.

[171] 武康平，高级宏观经济学[M]. 北京：清华大学出版社，2006.

[172] 西奥多·W. 舒尔茨. 改造传统农业[M]. 梁小民译. 北京：商务印书馆，1987.

[173] 谢蓉，吴永兴，顾霖霞. 不同类型农户生产经营行为的对比研究——基于上海市郊 1000 个农户的调查案例分析[J]. 农村经济，2009（6）：46 - 50.

[174] 邢鹏，黄昆. 政策性农业保险保费补贴对政府财政支出和农民收入的模拟分析[J]. 农业技术经济，2007（3）.

[175] 许崇正，高希武. 农村金融对增加农民收入支持状况的实证分析[J]. 金融研究，2005（9）.

[176] 薛桂霞. 日本新农业经营稳定政策分析[J]. 农业展望，2007（3）：78.

[177] 薛薇，SPSS 统计分析方法及应用（第 2 版）[M]. 北京：电子工业出版社，2009.

[178] 杨开忠，白墨等. 关于意愿调查价值评估法在我国环境领域应用的可行性探讨——以北京市居民支付意愿研究为例[J]. 地球科学进展，2002，17（3）.

[179] 杨莲娜. 农业贸易政策改革及对中国与欧盟农产品贸易的影响[D]. 北京：中国农业科学院博士学位论文，2007.

[180] 杨敏. 惠农资金不能"撒胡椒面"[N]. 江西日报，2010 - 06 - 17.

[181] 杨小静，冷熠，宗义湘. 农业补贴政策实施效果的影响因素分析——基于河北省 376 个农户调查[J]. 农业经济，2010（1）：20 - 22.

[182] 易小燕，陈印军. 农户转入耕地及其"非粮化"种植行为与规模的

影响因素分析[J].中国农村观察,2010(6):2-10.

[183] 殷晓岚.20世纪苏南农业与农村变迁研究[D].南京:南京农业大学博士学位论文,2004.

[184] 尤小文.农户:一个概念的探讨[J].中国农村观察,1999(5):17-18.

[185] 于金.乡镇企业发展深层问题研究[M].哈尔滨:黑龙江人民出版社,2003.

[186] 于战平.新西兰现代农业发展的特点与启示[J].世界农业,2011(7).

[187] 臧文如,傅新红,熊德平.财政直接补贴政策对粮食数量安全的效果评价[J].农业技术经济,2010(12):84-93.

[188] 张冬平,郭震,边英涛.农户对良种补贴政策满意度影响因素分析——基于河南省439个农户调查[J].农业技术经济,2011(3):104-111.

[189] 张宏云.技术能力、创新战略与创新绩效关系之实证研究[D].西安:西北工业大学硕士学位论文,2007.

[190] 张建杰.惠农政策背景下粮食主产区农户粮作经营行为研究——基于河南省调查数据的分析[J].农业经济问题,2007(10):58-65.

[191] 张乐柱,喻贝凤.我国农业保险分层补贴问题探讨[J].南方农村,2011(3):70-75.

[192] 张林秀.农户经济学基本理论概述[J].农业技术经济,1996(3):24-30.

[193] 张培刚.农业与工业化:农业国工业化问题初探(上卷)[M].武汉:华中科技大学出版社,2002.

[194] 张培刚.农业与工业化[M].武汉:华中工学院出版社,1984.

[195] 张雯.澳大利亚农业现代化面面观[N].新农村商报,2011-07-27.

[196] 张照新,陈金强.我国粮食补贴政策的框架、问题及政策建议[J].农业经济问题,2007(7):13-16.

[197] 赵良英.农业补贴应体现差异化[N].湖北日报,2007-06-13.

[198] 赵瑞芹,孟全省.直接补贴政策对粮食产量的影响效果分析——以山东省为例[J].农业经济,2012(5):20-21.

[199] 钟甫宁,叶春辉.GAMS在安徽省农业生产结构调整最优决策中的应用[J].安徽农业大学学报,2004(3):372-375.

［200］周晓，洪建刚．"苏南模式"的发展历程及转型研究［J］.市场周刊·理论研究，2006（2）：97-98.

［201］朱希刚．借鉴国际经验，促进农业补贴由消费者向生产者的转变［J］.农业经济问题，1992（10）：52-57.

［202］邹建丰．农业补贴，如何避免"杨柳水大家洒"［N］.新华日报，2011-04-04（A01）.

附　录

农业补贴问题调查问卷

　　您好！非常感谢您的热心参与！这次调查是想了解一下您对农业补贴政策的一些看法和想法，为政府部门制定更加合适的农业补贴政策提供参考。所有问题的回答没有"对"与"错"之分，只要按照您自己的真实想法回答即可。调查结果仅为学术研究使用。对您提供的信息将严格保密。再次感谢您的支持与合作！

　　填写提示：可以将您认可的选项或者答案填在题后的括号内，也可以直接在题目选择项前面的"□"内划上"√"。

一、基本情况

　　（1）您的年龄：（　　）周岁；政治面貌：□群众　□中共党员

　　（2）您的学历：

□小学及小学以下　□初中　□高中及中专　□大专及大专以上

　　（3）健康状况：□良好　□差

　　（4）您是否有从事非农业劳动的技能：

□具有某种手艺或专长　□不具有

　　（5）您家共有（　　）人，其中65岁以上的人有（　　　）人，18岁以下的有（　　）人，主要务工人员有（　　）人，主要务农人员有（　　）人。

（6）农业收入占您家庭全年收入的比例大约为：

□10% 及以下　　　　□10% ~ 30%　　　　　□30% ~ 50%

□50% ~ 80%　　　　□80% 以上

（7）请填写这两年您家种植的所有农作物产量情况（包括各种粮食作物、经济作物、蔬菜、果树、经济林木等）：

时间	2011 年							
作物	种植面积(亩)	总产量（千克）	出售数量（千克）	出售价格（元/千克）	生产资料费用(元)	亩均劳动时间(小时)	亩均雇佣工时(小时)	补贴额度(元)
小麦								
玉米								
花生								
大豆								
蔬菜								
土豆								
白菜								

2011 年家庭农业支出合计（　　）元。

2011 年农业家庭收入合计（　　）元。

2011 年家庭务工收入合计（　　）元。

2011 年家庭成员总共的务工时间为（　　）天。

时间	2012 年							
作物	种植面积(亩)	总产量（千克）	出售数量（千克）	出售价格（元/千克）	生产资料费用(元)	亩均劳动时间(小时)	亩均雇佣工时(小时)	补贴额度(元)
小麦								
玉米								
花生								
大豆								

时间	2012 年							
作物	种植面积(亩)	总产量(千克)	出售数量(千克)	出售价格(元/千克)	生产资料费用(元)	亩均劳动时间(小时)	亩均雇佣工时(小时)	补贴额度(元)
蔬菜								
土豆								
白菜								

2012 年家庭农业支出合计（　　　）元。

2012 年农业家庭收入合计（　　　）元。

2012 年家庭务工收入合计（　　　）元。

2012 年家庭成员总共的务工时间为（　　　）天。

（8）您家对粮食生产的依赖程度如何？

□根本不依赖　　　　　□不大依赖　　　　　□一般

□比较依赖　　　　　　□很依赖

（9）对您而言，在当地找份在工厂上班的工作：

□很容易　　　　　　　□比较容易　　　　　□一般

□比较困难　　　　　　□很困难

（10）您家的农业生产作业方式以哪种方式为主？

□以人工作业为主　　□人工和机械各占一半

□以机械作业为主　　□以畜力作业为主

（11）主要农业生产支出情况（计算 1 亩地 1 年的总额或者是每个项目 1 年两季的全部花费）（单位：元）：

2011 年	耕地费	浇水费	化肥	种子	农药	播种	农膜	收割	帮工费
小麦									
玉米									
花生									
大豆									

2011 年	耕地费	浇水费	化肥	种子	农药	播种	农膜	收割	帮工费
蔬菜									
土豆									
白菜									

2012 年	耕地费	浇水费	化肥	种子	农药	播种	农膜	收割	帮工费
小麦									
玉米									
花生									
大豆									
蔬菜									
土豆									
白菜									

二、补贴政策对经营行为的影响

（1）您是哪一年开始领取农业补贴的？（   ）年。

（2）2011 年领取的农业补贴是_____元，拿到的现金直接用在了哪些领域：

农业_____元，非农业_____元。

2012 年领取的农业补贴是_____元，拿到的现金直接用在了哪些领域：

农业_____元，非农业_____元。

（3）您领取的农业补贴主要用在了农业生产的哪些方面？多选请排序（   ）（   ）（   ）

□购买种子、化肥等

□租赁和使用农业机械

□租赁更多的耕地，扩大再生产

□参加农业技术培训班

□农产品加工

□其他，请说明＿＿＿＿＿＿＿＿＿

（4）下面列出的因素，哪种因素对您家的农业生产经营决策影响最大？

□农业补贴额度的变化

□农作物价格的变动

□国家农业政策的调整

□农业生产资料价格的变化

□从事非农业收入的变化情况

□其他，请说明＿＿＿＿＿＿＿＿＿

三、补贴绩效

（1）您领取农业补贴前后，在农业生产哪方面投入的变动比较大？

□种子/化肥等投入量增加

□种地的机械化水平提高

□参加农业生产培训更多了

□租赁了更多耕地

□加工更多的农产品

（2）与您领取农业补贴之前的年份相比，您家粮食的实际总产量：

□减少　　　　　　□不变　　　　　　□增加

（3）与您领取农业补贴之前的年份相比，您家粮食平均亩产：

□减少　　　　　　□不变　　　　　　□增加

（4）与您领取农业补贴之前的年份相比，您家粮食的亩均收入：

□减少　　　　　　□不变　　　　　　□增加

（5）与您领取农业补贴之前的年份相比，您家农产品销售的比重（当年出售粮食的数量占当年粮食产量的比例）：

□减少　　　　　　□不变　　　　　　□增加

（6）您对未来从事粮食种植有什么看法？

□仅满足自家口粮需求

□除自己家使用外，还可有一小部分粮食出售

□大部分用来销售，种粮收入仍是未来家庭收入的主要来源

□自己家主要种植经济作物，不种粮食

四、补贴意愿

（1）有了农业补贴政策，您是否愿意购买一些农业机械？

□愿意　　　　　　　□不愿意

（2）有了农业补贴政策，您是否愿意扩大粮食种植面积？

□愿意　　　　　　　□不愿意

（3）有了农业补贴政策，您是否愿意长期种植粮食作物？

□愿意　　　　　　　□不愿意

（4）有了农业补贴政策，您是否愿意购买更多化肥、农药？

□愿意　　　　　　　□不愿意

（5）有了农业补贴政策，您是否愿意学习更多的粮食种植技术？

□愿意　　　　　　　□不愿意

（6）有了农业补贴政策，您的就业选择更倾向于：

□种田　　　　　□边种田边打工　　　□完全从事非农业

（7）有了农业补贴政策，您对土地经营的态度是：

□租给其他农户种　　□全部自己种　　　□还想再承包一些土地

（8）有了农业补贴政策，您更愿意在自己家的土地上：

□种粮食　　　　　□种蔬菜　　　　　□种果树

□搞养殖　　　　　□其他

（9）在现有补贴政策下，假如村子里开办各种知识技能培训班，您是否愿意参加？

□愿意　　　　　　　□不愿意

（10）目前，很多农户在网上卖农产品或者在网上购买种子、农药、化肥，对此您是怎么看的？

□不能接受这种方式　□可以尝试一下

（11）目前，每亩地的粮食补贴合计约是 120 元，您觉得补贴提高到多少才能更加合理？

□150～200元　　　　□200～250元

□250～300元　　　　□300元以上，具体是_____元

（12）除了现金补贴方式以外，您最希望得到哪种形式的补贴？

□提供化肥、农药、种子、地膜等实物

□提供产品供给和需求信息

□提供耕种、浇灌、收割等服务

□给予生产技术指导

□改善农村、农业公共基础设施

（13）您更希望补贴按照什么标准发放？

□土地承包合同上面写明的面积

□实际种植面积

□本地区平均亩产量

□按照实际出售数量补贴

（14）如果农业补贴资金全部用到耕地上帮助提高产量，您最愿意采用何种方式执行该政策？

□多施一点化肥

□多打几遍农药，减少病、虫、草害

□多到田间地头走动，定期犁地松土、拔草等田间科学管理

□多浇几遍水

□购买优质、高产的新品种

□接受农业生产知识培训

（15）如果种粮补贴继续增加，您打算将增加的补贴优先用于哪个方面？

□承包更多耕地，扩大粮食种植面积

□投入更多农业劳动时间

□购买优质种子和高效肥料等

□学习先进的种植技术

□购买或租赁农业机械

（16）如果您希望补贴额度每年上涨，您觉得每年上涨多少比较合适？

□20元及以下

□30元

□40元

□50 元及以上，具体是_____元

（17）您觉得农业补贴额上涨的数量，最好是参照：

□农资价格上涨的幅度

□生活日用品涨价的幅度

□工人工资上涨的幅度

五、政策性农业保险调查

（1）国家近年来推行了政策性农业保险，帮助种粮农户减少由于自然灾害造成的损失，您是否购买了该政策性农业保险？

□已经购买过　　　□没有购买过（没有购买过，可以越过（2）、（3）两个题目）

（2）如果已经购买或者购买过，您为家里的哪种粮食作物买的保险？

□小麦　　　　　　□玉米　　　　　　□花生

□棉花　　　　　　□大豆　　　　　　□谷子

（3）购买农业保险时，您倾向于怎样购买？

□为种植的粮食作物全部购买

□为部分粮食作物购买

□为部分粮食作物的部分种植面积购买

（4）您是否信任提供农业保险服务的保险公司？

□很不信任　　　　□不信任　　　　　□一般

□比较信任　　　　□十分信任

（5）最近 5 年内，粮食生产过程中遇到的各种自然灾害，当地最常见的是：

□风灾

□雨水涝害

□旱灾

□冰雹

□霜冻

□其他，请说明_____

（6）您所在的地区，一般多长时间会遇到一次严重影响农业收成的自然灾害？

□四五年一次

□两三年一次

□一年一次

□半年一次

□几个月一次

（7）您所在的地区，粮食作物生长过程中遇到的各种自然灾害的情况多不多？

□几乎没有　　　　　□比较少　　　　　　□一般

□挺多的　　　　　　□非常多

（8）您认为自然灾害对粮食作物产量的影响大不大？

□几乎没啥影响　　　□有点影响　　　　　□一般

□影响比较大　　　　□影响很大

（9）您是否愿意参加农业保险？

□很不愿意　　　　　□不愿意　　　　　　□一般

□愿意　　　　　　　□很愿意

（10）您是否为自己或者家人购买过其他类型的保险产品？

□没有购买过　　　　□购买过

（11）如果购买过，您购买的是哪种保险产品？＿＿＿＿＿＿＿＿＿＿＿

（12）您是否认为农业保险对挽回自然灾害造成的损失比较重要？

□不重要　　　　　　□有点作用　　　　　□一般

□比较重要　　　　　□很重要

（13）发生自然灾害之后，当地政府有没有救灾补贴或者救灾措施？

□几乎没有

□有一点，但不多

□有，而且救灾补贴挺多的

（14）您之前有没有参加过保险知识培训或者听过关于保险的宣传？

□没有参加过　　　　□参加过

（15）您对保险公司的理赔工作是否满意？

□很不满意　　　　　□不满意　　　　　　□一般

□比较满意　　　　　□很满意

（16）您对保险公司的理赔工作不满意的原因是？＿＿＿＿＿＿＿多选请排序

（　　）（　　）（　　）

☐赔偿的金额太少了

☐理赔手续太复杂太烦琐

☐出险之后，到达现场的速度太慢

☐从出险到获得赔偿的整个时间周期太长

☐其他原因，请说明＿＿＿＿＿＿＿＿

（17）如果没有政府的保险补贴，您是否会购买农业保险？

☐不会主动购买　　　☐愿意主动购买　　　☐视情况而定

（18）遇到自然灾害时，种植的小麦、玉米作物每亩地最高可以获得 300 元的赔偿，您认为每亩玉米或者每亩小麦每年支付的保费金额为（　　　）元比较合理。

（19）如果保险赔偿不设置上限，假如您家为每亩玉米或者小麦缴纳 5 元钱的保费，发生了自然灾害之后，您认为保险公司最高应该赔付（　　　）元比较合理。

（20）您对本次调查问卷的内容：

☐完全理解　　　　☐基本理解　　　　☐部分理解

☐不太理解　　　　☐完全不理解

（21）您在领取或者使用农业补贴中面临的主要问题有哪些？请写在下面的空白处：

附表 1　2012 年调查地区主要种植作物的成本、利润、用工情况

生产项目	亩产(斤)	价格(元/斤)	种苗(元)	化肥(元)	农膜(元)	农药(元)	机械费(元)	投工(天)	农忙(天)	务农人工成本(元)	生产资料成本(元)	亩均补贴(元)	总成本(元)	总收入(元)	净利润(元)
玉米-小麦	950	1.03	90	200	0	20	180	2	1	135	490	111	625	1089.5	464.5
蔬菜-小麦	1000	1.03	90	200	0	20	180	2	1	135	490	111	625	1141	516
花生-小麦	940	1.03	100	200	0	20	180	2	1	135	500	111	635	1079.2	444.2
蔬菜-油菜	6500	1.2	110	220	20	40	55	45	10	2475	495	0	2970	7800	4830
玉米-油菜	6300	1.2	130	220	20	40	55	45	10	2475	520	0	2995	7560	4565
油菜-西瓜	4850	1.6	100	300	40	100	150	20	7	1215	2020	0	3235	7760	4525
休耕-西瓜	5100	1.6	100	280	40	100	150	20	7	1215	2000	0	3215	8160	4945
休耕-花生	750	4	300	200	80	20	100	3.1	2.3	243	700	0	943	3000	2057
小麦-玉米	1200	1.1	90	300	0	30	120	2	1	135	540	10	675	1330	655
西瓜-玉米	1200	1.1	90	320	0	30	120	2	1	135	560	10	695	1330	635
西瓜-蔬菜	2000	3.3	35	20	19	10	0	40	35	3375	970	0	4345	6600	2255
小麦-蔬菜	1700	3.3	35	20	19	10	0	40	35	3375	970	0	4345	5610	1265

注："-"表示茬口关系。

附表 2 政策情景 1 下各种作物的投入与产出情况

生产项目	亩产 (斤)	价格 (元/斤)	种苗 (元)	化肥 (元)	农膜 (元)	农药 (元)	机械费 (元)	投工 (天)	农忙 (天)	务农 工成本	生产 资料 成本 (元)	亩均 补贴 (元)	总成本 (元)	总收入 (元)	净利润 (元)
玉米－小麦	950	1.03	90	200	0	20	180	2	1	135	490	128.76	625	1107.26	482.26
蔬菜－小麦	1000	1.03	90	200	0	20	180	2	1	135	490	128.76	625	1158.76	533.76
花生－小麦	940	1.03	100	200	0	20	180	2	1	135	500	128.76	635	1096.96	461.96
蔬菜－油菜	6500	1.2	110	220	20	40	55	45	10	2475	495	0	2970	7800	4830
玉米－油菜	6300	1.2	130	220	20	40	55	45	10	2475	520	0	2995	7560	4565
油菜－西瓜	4850	1.6	100	300	40	100	150	20	7	1215	2020	0	3235	7760	4525
休耕－西瓜	5100	1.6	100	280	40	100	150	20	7	1215	2000	0	3215	8160	4945
休耕－花生	750	4	300	200	80	20	100	3.1	2.3	243	700	0	943	3000	2057
小麦－玉米	1200	1.1	90	300	0	30	120	2	1	135	540	11.6	675	1331.6	656.6
西瓜－玉米	1200	1.1	90	320	0	30	120	2	1	135	560	11.6	695	1331.6	636.6
西瓜－蔬菜	2000	3.3	35	20	19	10	0	40	35	3375	970	0	4345	6600	2255
小麦－蔬菜	1700	3.3	35	20	19	10	0	40	35	3375	970	0	4345	5610	1265

注:"－"表示茬口关系。

附表3　政策情景2下各种作物的投入与产出情况

生产项目	亩产(斤)	价格(元/斤)	种苗(元)	化肥(元)	农膜(元)	农药(元)	机械费(元)	投工(天)	农忙(天)	务农人工成本	生产资料成本(元)	亩均补贴(元)	总成本(元)	总收入(元)	净利润(元)
玉米-小麦	950	1.0918	90	200	0	20	180	2	1	135	490	128.76	625	1165.97	540.97
蔬菜-小麦	1000	1.0918	90	200	0	20	180	2	1	135	490	128.76	625	1220.56	595.56
花生-小麦	940	1.0918	100	200	0	20	180	2	1	135	500	128.76	635	1155.052	520.052
蔬菜-油菜	6500	1.2	110	220	20	40	55	45	10	2475	495	0	2970	7800	4830
玉米-油菜	6300	1.2	130	220	20	40	55	45	10	2475	520	0	2995	7560	4565
油菜-西瓜	4850	1.6	100	300	40	100	150	20	7	1215	2020	0	3235	7760	4525
休耕-西瓜	5100	1.6	100	280	40	100	150	20	7	1215	2000	0	3215	8160	4945
休耕-花生	750	4	300	200	80	20	100	3.1	2.3	243	700	0	943	3000	2057
小麦-玉米	1200	1.166	90	300	0	30	120	2	1	135	540	11.6	675	1410.8	735.8
西瓜-玉米	1200	1.166	90	320	0	30	120	2	1	135	560	11.6	695	1410.8	715.8
西瓜-蔬菜	2000	3.3	35	20	19	10	0	40	35	3375	970	0	4345	6600	2255
小麦-蔬菜	1700	3.3	35	20	19	10	0	40	35	3375	970	0	4345	5610	1265

注:"-"表示茬口关系。

附表 4　政策情景 3 下各种作物的投入与产出情况

生产项目	亩产(斤)	价格(元/斤)	种苗(元)	化肥(元)	农膜(元)	农药(元)	机械费(元)	投工(天)	农忙(天)	务农人工成本(元)	生产资料成本(元)	亩均补贴(元)	总成本(元)	总收入(元)	净利润(元)
玉米－小麦	950	1.03	90	200	0	20	180	2	1	148.5	563.5	128.76	712	1107.26	395.26
蔬菜－小麦	1000	1.03	90	200	0	20	180	2	1	148.5	563.5	128.76	712	1158.76	446.76
花生－小麦	940	1.03	100	200	0	20	180	2	1	148.5	575	128.76	723.5	1096.96	373.46
蔬菜－油菜	6500	1.2	110	220	20	40	55	45	10	2722.5	569.25	0	3291.75	7800	4508.25
玉米－油菜	6300	1.2	130	220	20	40	55	45	10	2722.5	598	0	3320.5	7560	4239.5
油瓜－西瓜	4850	1.6	100	300	40	100	150	20	7	1336.5	2323	0	3659.5	7760	4100.5
休耕－西瓜	5100	1.6	100	280	40	100	150	20	7	1336.5	2300	0	3636.5	8160	4523.5
休耕－花生	750	4	300	200	80	20	100	3.1	2.3	267.3	805	0	1072.3	3000	1927.7
小麦－玉米	1200	1.1	90	300	0	30	120	2	1	148.5	621	11.6	769.5	1331.6	562.1
西瓜－玉米	1200	1.1	90	320	0	30	120	2	1	148.5	644	11.6	792.5	1331.6	539.1
西瓜－蔬菜	2000	3.3	35	20	19	10	0	40	35	3712.5	1115.5	0	4828	6600	1772
小麦－蔬菜	1700	3.3	35	20	19	10	0	40	35	3712.5	1115.5	0	4828	5610	782

注：" － " 表示茬口关系。

附表 5　政策情景 4 下各种作物的投入与产出情况

生产项目	亩产(斤)	价格(元/斤)	种苗(元)	化肥(元)	农膜(元)	农药(元)	机械费(元)	投工(天)	农忙(天)	务农人工成本	生产资料成本(元)	亩均补贴(元)	总成本(元)	总收入(元)	净利润(元)
玉米-小麦	950	1.03	90	200	0	20	180	2	1	135	490	128.76	625	1107.26	482.26
蔬菜-小麦	1000	1.03	90	200	0	20	180	2	1	135	490	128.76	625	1158.76	533.76
花生-小麦	940	1.03	100	200	0	20	180	2	1	135	500	128.76	635	1096.96	461.96
蔬菜-油菜	6500	1.2	110	220	20	40	55	45	10	2475	495	0	2970	7800	4830
玉米-油菜	6300	1.2	130	220	20	40	55	45	10	2475	520	0	2995	7560	4565
油菜-西瓜	4850	1.6	100	300	40	100	150	20	7	1215	2020	0	3235	7760	4525
休耕-西瓜	5100	1.6	100	280	40	100	150	20	7	1215	2000	0	3215	8160	4945
休耕-花生	750	4	300	200	80	20	100	3.1	2.3	243	700	0	943	3000	2057
小麦-玉米	1200	1.1	90	300	0	30	120	2	1	135	540	11.6	675	1331.6	656.6
西瓜-玉米	1200	1.1	90	320	0	30	120	2	1	135	560	11.6	695	1331.6	636.6
西瓜-蔬菜	2000	3.3	35	20	19	10	0	40	35	3375	970	0	4345	6600	2255
小麦-蔬菜	1700	3.3	35	20	19	10	0	40	35	3375	970	0	4345	5610	1265

注："-"表示茬口关系。

附表6　纯农户生产行为与产出水平变化情况

纯农户	情景1	情景2	情景3	情景4	基本情况	实际经营情况
粮食种植面积（亩）	5.19	5.19	5.19	5.69	5.19	5.12
非农业劳动时间（天）	530.9	530.9	577.8	514.5	530.9	146.3
农业资本投入（元）	20216	20216	20216	20216	20216	20216
粮食总产量（斤）	5491.02	5491.02	5491.02	6020.02	5491.02	4922.73
家庭总收入（元）	102008.8	102358.8	93086	101181.4	101950.4	90470.8
粮食种植面积变化值	0	0	0	0.5	0.07	
非农业劳动时间变化值	0	0	46.9	-16.4	384.6	
农业资本投入变化值	0	0	0	0	0	
粮食总产量变化值	0	0	0	529	568.29	
家庭总收入变化值	58.4	408.4	-8864.4	-769	11479.6	
粮食种植面积变化率	0	0	0	0.096339	0.013672	
非农业劳动时间率	0	0	0.088341	-0.03089	2.628845	
农业资本投入变化率	0	0	0	0	0	
粮食总产量变化率	0	0	0	0.096339	0.115442	
家庭总收入变化率	0.000573	0.004006	-0.08695	-0.00754	0.126887	

注：表中情景1~情景4下纯农户的生产行为与产出水平的变化值以及变化率是指与基本情况的比较值；基本情况下的生产行为与产出水平变化值、变化率是指与实际经营情况的比较值。

附表7　一兼农户生产行为与产出水平变化情况

一兼农户	情景1	情景2	情景3	情景4	基本情况	实际经营情况
粮食种植面积（亩）	4.51	4.51	4.51	5.01	4.51	10.74
非农业劳动时间（天）	591.9	591.9	615.4	555	591.9	206.7
农业资本投入（元）	17997	17997	17997	17997	17997	17997
粮食总产量（斤）	4771.58	4771.58	4771.58	5300.58	4771.58	10862.33
家庭总收入（元）	105588.1	105892.2	98201.44	104450.5	105537.3	95823.75
粮食种植面积变化值	0	0	0	0.5	-6.23	
非农业劳动时间变化值	0	0	23.5	-36.9	385.2	
农业资本投入变化值	0	0	0	0	0	
粮食总产量变化值	0	0	0	529	-6090.75	

一兼农户	情景1	情景2	情景3	情景4	基本情况	实际经营情况
家庭总收入变化值	50.8	354.9	−7335.86	−1086.8	9713.55	
粮食种植面积变化率	0	0	0	0.110865	−0.58007	
非农业劳动时间率	0	0	0.039703	−0.06234	1.86357	
农业资本投入变化率	0	0	0	0	0	
粮食总产量变化率	0	0	0	0.110865	−0.56072	
家庭总收入变化率	0.000481	0.003363	−0.06951	−0.0103	0.101369	

注：表中情景1～情景4下一兼农户的生产行为与产出水平的变化值以及变化率是指与基本情况的比较值；基本情况下的生产行为与产出水平变化值、变化率是指与实际经营情况的比较值。

附表8　二兼农户生产行为与产出水平变化情况

二兼农户	情景1	情景2	情景3	情景4	基本情况	实际经营情况
粮食种植面积（亩）	10.14	10.14	10.14	13.54	10.14	8.76
非农业劳动时间（天）	963.9	963.9	963.9	952.1	963.9	721.3
农业资本投入（元）	9789.46	9789.46	11257.87	11753.46	9789.46	11970
粮食总产量（斤）	10894.72	10894.72	10894.72	14548.72	10894.72	8963.58
家庭总收入（元）	127394.6	128093.5	125631.4	128578.1	127296.5	104658.62
粮食种植面积变化值	0	0	0	3.4	1.38	
非农业劳动时间变化值	0	0	0	−11.8	242.6	
农业资本投入变化值	0	0	1468.41	1964	−2180.54	
粮食总产量变化值	0	0	0	3654	1931.14	
家庭总收入变化值	98.1	797	−1665.1	1281.6	22637.88	
粮食种植面积变化率	0	0	0	0.335306	0.157534	
非农业劳动时间率	0	0	0	−0.01224	0.336337	
农业资本投入变化率	0	0	0.149999	0.200624	−0.18217	
粮食总产量变化率	0	0	0	0.335392	0.215443	
家庭总收入变化率	0.000771	0.006261	−0.01308	0.010068	0.216302	

注：表中情景1～情景4下二兼农户的生产行为与产出水平的变化值以及变化率是指与基本情况的比较值；基本情况下的生产行为与产出水平变化值、变化率是指与实际经营情况的比较值。

附表9　非农户生产行为与产出水平变化情况

非农户	情景1	情景2	情景3	情景4	基本情况	实际经营情况
粮食种植面积（亩）	3.84	3.84	3.84	7.04	3.84	3.77
非农业劳动时间（天）	970.1	970.1	970.1	958.4	970.1	814.2
农业资本投入（元）	3959.16	3959.16	4553.03	5875.68	3959.16	5880
粮食总产量（斤）	4111.16	4111.16	4111.16	7564.64	4111.16	4042.68
家庭总收入（元）	129862.7	130126.4	129148.9	131011.3	129825.5	113452.77
粮食种植面积变化值	0	0	0	3.2	0.07	
非农业劳动时间变化值	0	0	0	-11.7	155.9	
农业资本投入变化值	0	0	593.87	1916.52	-1920.84	
粮食总产量变化值	0	0	0	3453.48	68.48	
家庭总收入变化值	37.2	300.9	-676.6	1185.8	16372.73	
粮食种植面积变化率	0	0	0	0.833333	0.018568	
非农业劳动时间率	0	0	0	-0.01206	0.191476	
农业资本投入变化率	0	0	0.149999	0.484072	-0.32667	
粮食总产量变化率	0	0	0	0.840026	0.016939	
家庭总收入变化率	0.000287	0.002318	-0.00521	0.009134	0.144313	

注：表中情景1~情景4下非农户的生产行为与产出水平的变化值以及变化率是指与基本情况的比较值；基本情况下的生产行为与产出水平变化值、变化率是指与实际经营情况的比较值。